Contemporary Classics

今こそ名著

西郷南洲翁遺訓

高潔な精神と広い度量

西郷隆盛

道添進◎編訳

日本能率協会マネジメントセンター

はじめに

今、手元には文庫本サイズの『西郷南洲翁遺訓』がある。鹿児島にある西郷南洲顕彰会を訪ねた際に買い求めたもので、胸ポケットに入れて持ち歩くのにちょうどよい薄さだ。四十三条からなる簡潔な西郷隆盛の言葉は、人の上に立つ者の心構えが無駄なく示されている。

これはクレドではないか。ずっとそのように使われてきたものではないか。ページを繰りながらふと思いがよぎった。だとしたらその中身を一つ一つ紐解いてみるべきだろう。これが本書の切り口である。

クレドは、企業人としての信条をコンパクトに記した冊子のことだ。いつも胸ポケットに入れて持ち歩き、判断に迷ったら何度でも読み返す、あらゆる振る舞いの原点のようなものと思っていただければよい。

『遺訓』は西郷隆盛と庄内藩士たちの数年に渡るよしみを通じて、西郷隆盛から聞いた言葉をまとめたものだ。出版されたのは明治二三（１８９０）年、西郷隆盛の没後一三年にあたる。

その序文には、外務卿だった副島種臣がこんな序文を載せている。

「『西郷南洲翁遺訓』の一巻は、ほんのささやかな一冊である。とはいえ、今となっては、あの西郷大将の威厳ある姿といい、あの大きく響く声といい、そうしたものを身近に感じる唯一のよすがとなるだろう」

だが、ささやかだからよかったのではないだろうか。「生き学問をせよ」と西郷隆盛は子弟に語っていた。古典に親しむのはよいけれど、それでおしまいではいけない。本を閉じたら、今、眼の前にある課題にあてはめて、自分ならどうするか考えてみなくてはならない。つねづね西郷隆盛はそう言っていたという。

山形県鶴岡市の致道館博物館には、『遺訓』の初版本が展示してある。文庫本よりはやや大きいが、やはり小冊子のような体裁だ。

西郷隆盛の遺徳をしのぶ人々は、その『遺訓』を懐に入れて、あるいは鞄に忍ばせて、折に触れページをめくっていたのではないだろうか。また、そんなふうに使ってもらうことこそ、編纂した庄内藩の人々も苦労した甲斐があったというものだろう。原本の小ささには、ちゃんと必然があるのだと思いたい。

だが、見た目のコンパクトさとは対照的に、その中身は濃く、西郷隆盛の歩いてきた道が見事に凝縮されている。現代のリーダーにとっての生き学問に資することができればと思い、本書では現代語訳にその言葉の背景を添えてみた。

惜しむらくは、もはや胸ポケットに入るボリュームではなくなってしまったことだ。けれどもせっかくこの本を手にしてくださったのだから、机の片隅に置いて、クレドを眺めるように、折に触れて開いていただければ幸いだ。

第1部

名著『西郷南洲翁遺訓』とは

①『西郷南洲翁遺訓』が記された背景

●数奇な縁から誕生した書籍

『西郷南洲翁遺訓』が庄内藩の有志たちによって世に出されたのは、明治二三（１８９０）年のことだった。庄内藩は今の山形県鶴岡市と酒田市の一帯を所領とし、徳川幕府の譜代大名だった。編纂にあたったのは、庄内藩主酒井忠篤とその家臣たちだ。

どうして西郷隆盛の出身地薩摩から遠く離れた庄内の人々によって、この本は発行されたのだろうか。その経緯については、この名作にふさわしく、まるで一遍の物語のように数奇で感動をよぶ実話があった。発端は『遺訓』が発行される三十年近く前までさかのぼる。

●どっちが勝ったかわからない

庄内藩は幕府の命を受け、文久三（１８６３）年から江戸市中見回りを担当していた。当時は浪士たちが江戸中を撹乱しては、薩摩藩邸に逃げ込むことを繰り返していた。市中の秩序を保つ藩としては、どうにも見過ごすわけにはいかない。あの屋敷こそテロの巣窟とばかり、慶応三（１８６７）年、庄内藩は薩摩藩邸を焼き討ちにしてしまった。その際、薩摩藩では浪士を入れて六四人も死んでいる。

時代は目まぐるしく動き、明治元（１８６８）年、戊辰戦争もようやく終わりが見えてきたころ。薩摩藩を主力とする新政府軍を、幕府方の庄内藩は迎え撃つことになった。庄内軍は善戦したけれどついに降伏し、これが東北方面での最後の戦いとなった。

さて、興味深いのはここからだ。前年、江戸の薩摩藩邸を焼き討ちにした庄内藩であるから、薩摩としては遺恨もあって当然。庄内藩主も重臣たちも切腹を覚悟した。ところが、政府軍の参謀だった黒田清隆は終始庄内藩主に礼儀を尽くし、藩主の出入りは自由。重臣たちを処分することもなく、寛大な処遇がなされた。

呆れたのは、政府軍のほうだった。

「これではどっちが勝ったのかわかりません」

●昨日の敵は今日の友

戊辰戦争の翌年、庄内藩の家老だった菅実秀は上京。当時の政府軍参謀だった黒田清隆を訪ね、寛大に扱ってくれたことへあらためて感謝を述べた。すると黒田は、「あれは自分の判断ではない」と、意外な事実を明かした。

実はこのように庄内藩を処遇することについてはすべて、当時、越後の松ヶ崎に陣を張っていた西郷隆盛の指示だったというのだ。

なぜ、西郷隆盛はこうもあっさりと庄内藩を寛大に扱おうと決めたのだろうか。無駄に双方の戦力を疲弊させてはいけないし、庄内には北からのロシアに目を光らせてもらいたい。そんな現実主義者としての冷徹な目があったことだろう。いずれにしても、西郷隆盛の視線は、すでに戦いの先にあったようだ。

「どうやら薩摩の武士は戦いの最中にあっても、戦った後のことまで考えているようだ。どんなに激しく戦おうとも、戦いが終われば、分け隔てはしない。昨日の敵は、今日の友となる」

明治から昭和初期にかけての思想家徳富蘇峰はお隣、熊本の出身で、こんなコメントを残している。

●薩摩とはどんなところだろう

この意外な処遇は庄内藩主、酒井忠篤も一緒だった。感激もしたし、拍子抜けもした。薩摩とはいったいどんなところだろう。庄内の人々にそんな興味が湧いてきた。しかしそれ以上に、西郷隆盛とはどんな人物なのだろうという思いがどんどん大きくなっていった。

明治三（１８７０）年、酒井忠篤は鹿児島の西郷隆盛に親書を送り、同年藩主以下七〇数名が鹿児島を訪れ、西郷隆盛から兵学を学んだ。明治七（1874）年には、庄内藩の元家老、菅実秀が赤沢経言と三矢藤太郎を鹿児島に送った。二人は鹿児島に二カ月ほど滞在し、西郷隆盛の教えを受けた。

その後も庄内の人々は何度も、鹿児島や東京で政務に当たっていた西郷隆盛に接する機会を持った。そして折に触れては西郷が語った言葉を帳面に書き記したり、覚えたりしていた。

こうして、庄内の旧藩士たちによる一連の聞き書きが『西郷南州翁遺訓』となっていった。ただ、それを書物という形で世に出すことができたのはまだずっと先のことだった。

●一字一句でも手を入れられたら真精神を失う

維新の功臣だった西郷隆盛は西南戦争以降、一転して明治の逆賊になってしまった。そのような状況で『遺訓』を出すわけにはいかない。けれども、転機が訪れた。明治二二（1889）年、大日本憲法が発布され、西郷隆盛は名誉が回復されたのだ。

「今こそ、西郷隆盛の言葉を世に出す時だ」。庄内藩家老だった菅実秀は、赤沢経言と三矢藤太郎にこれまでの西郷の言葉を集めて『西郷南州翁遺訓』を編纂させた。

だが、ここでトラブルが持ち上がった。遺訓に記されている西郷隆盛の言葉はどれも、まさしく直球。万民の上に立つものの姿勢を述べているくだりが、そっくりそのまま批判として当てはまる政府の高官たちもいる。冒頭の第一条からリーダーの資質を語っている点からして、耳の痛い役人はたくさんいた。しかもそういう連中が率先して、西郷隆盛を批判していた。

警視庁は、出版代表である赤沢経言（源也）をさっそく呼び出し、内容を訂正するよう求めた。けれども、赤沢はこれを頑として跳ね返した。

「一字一句でも手を入れられたら、西郷先生の真精神を失う」

警視庁もその断固とした態度に、とうとう引き下がらざるを得なかった。

●手分けして全国を行脚し主だった人々へ配布

明治二三（１８９０）年に発行された『西郷南州翁遺訓』の初版本は、およそ一千部。わずかな発行部数からのスタートだった。かつての庄内藩士たちは、その初版本を風呂敷にくるみ、全国を行脚しながら配り歩いた。その中には鹿児島で健在だった西郷隆盛の糸子夫人、九州各地の県知事などが含まれ、神戸では板垣退助も手にしている。

●今も配布し続ける人々

南洲神社という名の神社が、全国に四カ所ある。いずれも南洲と呼ばれた西郷隆盛を祀っている。場所は鹿児島県下竜尾町、沖永良部島、宮崎県都城市、そして山形県酒田市だ。

酒田にある南洲神社は、庄内地方の有志のみなさんによって昭和五一（1976）年に建立された。南洲翁と庄内藩の交わり、さらには先達たちの「南洲翁の遺徳を末長く伝えよう」という思いを営々と繋いでいる。

この酒田の南洲神社では、現在でも『西郷南洲翁遺訓』の文庫本を、希望者に無償で配布している。また、鶴岡と鹿児島とは兄弟都市となっており、西郷隆盛が大切にした「敬天愛人」の教えに親しむために、若人らの交流が続いている。

2 現代に読み継がれる理由

●指導者としての心得

『西郷南洲翁遺訓』の内容を、ひとことで要約するなら、「上に立つ指導者の徳をみがくための教え」となるだろう。この本で述べられている言葉の根本にあったのは、儒学の『大学』だといわれる。

儒学はもともと支配者の学問だ。とりわけその教典の一つである『大学』は、支配する者の徳を養う一篇とされる。そこに記されているのは、いかに天下国家をよく治め、人々に平和をもたらすかということだ。上に立つ人物は、単に学問を修めるだけでは足りない。自己をよく修練し、徳を身につける必要があると説いている。

高潔な精神と広い度量を修得しようとする『西郷南洲翁遺訓』の言葉は、リーダーシップを取るべき人のよい指南書となってきた。

●一流の人物と交流した成果が凝縮されている

西郷隆盛は、権威のある人ではなく、徳のある人に敬意を表した。そして自分も徳のある人になろうとした。

彼にとってそのお手本は島津斉彬だった。先見の明があるだけでなく、優れた人格を兼ね備えた名君だった。斉彬が亡くなった後も、薩摩藩が幕末から維新にかけて最前線で動くことができたのは、この藩主の遺言があり、すべてそれに従ったためといわれている。

そのほかにも西郷隆盛は、藤田東湖を始め、佐藤一斎、橋下左内、横井小楠など、同時代をリードした思想家の影響を受けている。

●激動の時代を生き抜く姿勢

幕末・維新には、世の中がめまぐるしく変化し、ニューノーマルな局面が出現した。そんな時代にあっては、長々と議論して結論を先送りすることはできない。速くて強い意思決定が求められる場面がたくさんあった。

西郷隆盛は実際にそうした修羅場をいくつもかいくぐっていった。尊王攘夷派の僧月照に幕府の追尾が迫った時、島津久光を待たず一人京都へ赴いた時、江戸城に乗り込んで勝海舟と会見した時、留守政府を預かり法案をどんどん通過させた時。

待ったなしの状況で決断を下してきた指導者としての見識が、この本にはたくさん詰まっている。上に立つものが、トップダウンでスピーディーに決断すべき場面は、現代のビジネス環境でも同じだろう。

●歴史からものさしを見いだせ

『西郷南洲翁遺訓』では、古代中国の堯、舜の時代や春秋時代が何度も引き合いに出されている。ただ、それは過去の出来事の中に正解を探せということではない。自ら正解を作ることができるものさしを持てということだ。そのものさしは、いにしえの古典にあると言っている。

●天道は理想ではない

『遺訓』の中には、有名な「敬天愛人」を含め、「天」という言葉が随所に登場する。これは西郷隆盛の考え方の核心となる大事な部分だ。「天」とは、人智の上にある存在、自然に備わっている道理など、ある程度幅を持った解釈ができるかもしれない。だがそれは、単なる理想論ではない。自己中心的な考えからどう抜け出すか。あるいは、どうすれば損得ではなく、良いか悪いかで判断することができるか。そんな私たちが日頃、向き合うさまざまな問題にどう取り組めば良いかという具体的な方法論となっている。

●誰でも正道を歩むことができる

高潔な精神と広い度量はどのようにして培われるのか。それは、ふだんから自分に克つ努力を重ねておくこと。何かが起こってからあわてて対処しようとしても、たいていはうまくいかない。危機に際して適切に対処できるかどうかは、日頃の心構えにかかっている。つねにさまざまな場面をシミュレーションし、自分ならどう振る舞うかをあらかじめ思い描いておくことだと西郷隆盛は語っている。これは、どんな人にも正しい生き方ができるということでもある。

●死を覚悟した人間の生きる目的

一度ならず二度も生死の境を彷徨った経験を経て、西郷隆盛は一つの気づきを得る。それは、自分はまだこの世にいてなすべきことがあるのではないかという、新たな生きる意義だ。そうした天命を強く意識する生き方は、陽明学の知行合一という考え方によってさらに確固となっていった。知識と行為とは一体であり、本当の知識は実践することで裏付けられるというものだ。

●人材育成家としてのメッセージ

『西郷南洲翁遺訓』では古代中国の堯、舜、そして孔子などがしばしば引用される。こうしたいにしえの聖賢たちが教育者だったという側面に、西郷隆盛は注目している。

西郷自身も奄美大島に潜居していた時、島の子どもたちに手習いや素読の手ほどきをしており、自ら教科書も制作している。また、明治政府を離れてからは鹿児島に私学校を作り、彼を慕って全国から集まった若者たちを指導した。周りの人々の天分をどう発揮させるか。西郷隆盛の人材育成家としての側面から本書を眺めると、人がどう成長するのかについてのさまざまな気づきがあるはずだ。

●ざっくりとした構成について

『西郷南洲翁遺訓』の構成については、大まかに分類すると、以下のようなテーマが語られているといえる。

・一〜七条、一九、二〇条
　リーダーのあるべき姿と、人材登用に関するもの。
・八〜一二条

万人の上に立つ者として、文明をどのように開花させるかということについて。
・一三～一五条
国の財政運営、会計についての原則。
・一六～一八条
外交方針として据えるべき、根本的な考えかた。
・二一～二九条、追加二条
敬天愛人を貫き、人としての本当の道を歩くことの大切さについて。
・三〇～四一条、追加一条
聖賢の生き方に学び、君子としてのふるまいとはどういうことかについて。

3 西郷隆盛の足跡

西郷隆盛ほど、エピソードが盛りだくさんの人物もそういない。ある人の一生を記す際、いろいろな構成の仕方があるけれど、せっかくだから少し趣を変えて、その高潔な精神と広い度量をよく伝えているエピソードをクロニクル風につなぎながら、数えで五一歳、満で四九歳八ヵ月の生涯をたどってみたい。

ここではざっくり四つの時代に分け、さらに五番目として、没後も絶えることのなかった西郷逸話で締めくくった。

一．成長の時

下級武士の長男に生まれて農政役人の補助となり、藩主に見出されて、当代の知識人らと交わるまで。

二．挫折の時

月照との入水後、奄美大島に潜居し、その後さらに徳之島、沖永良部島に遠島となり、逆境の中で思索を育むまで。

三．飛躍の時

鹿児島に帰参し、倒幕の原動力となって明治維新を実現させ、新しい時代のしくみを築くまで。

四．終焉の時

中央政界を辞して鹿児島に隠棲するも、西郷を慕う多くの人々と共に決起し、西南戦争で散るまで。

五．追憶の時

名誉回復を機に『西郷南洲翁遺訓』が出版され、銅像が製作されるまで。そして西郷隆盛の肖像とその実像について。

一．成長の時

●小さな町内の若者たちが日本を動かした

西郷隆盛は文政一〇（1827）年、西郷吉兵衛隆盛の長男として生まれた。当時の鹿児島では、城山のそばから順に上級武士の屋敷が並んでおり、西郷隆盛の生家は二キロも離れた下加治屋町、現在の加治屋町にあった。父の身分は御小姓与、下から数えて二番目という下級武士だ。

歴史の巡り合わせは面白いもので、このわずか七十戸ばかりの町から、維新の元勲大久保利通、陸軍大将大山巌、日清戦争を指揮した東郷平八郎など、錚々たる人材を輩出している。

●石を投げれば士族に当たる

薩摩藩では四人に一人が武士だったといわれるほど、藩士が極端に多かった。その割合は二六パーセントにのぼった。ちなみに他藩の平均は六パーセントほど。なんでこんなに士族が多かったかといえば、薩摩独特の外城制度によるものだ。

江戸時代、一つの藩にお城は一つと決められていた。そこで薩摩では、外城と呼ばれる軍事と地域行政が一体となった拠点を藩中につくり、武士を分散させていたのだ。ただ、武士といっても多くは半農半士。有事のときには、地頭の指揮のもとで出張ってくる役目を帯びていた。他藩なら郷士でも、薩摩藩では藩士として数えられていたのである。

外城の数は城外に一一三ほど、鹿児島城下には三〇あまりがあって、のちに郷と呼ばれるようになった。そして、この郷では、薩摩ならではの子供たちの学びの場である、郷中という自治組織が整備されていた。

●負けるな、嘘をつくな、弱いものいじめをするな

先輩が後輩を教えるのが郷中の方針だった。とくに難しい学びについては、二才頭《にせがしら》という中心となる先輩になんでも聞いていた。二才とは青年のことだ。

負けるな、嘘をつくな、弱いものいじめをするな。郷中のモットーは、とても明快だった。この三つを武道修練、忠孝実践、山坂達者の各分野で、みっちりと鍛え上げていった。ちなみに山坂達者とは心身を鍛錬することで、武道とはまた別メニューだ。

下加治屋町にも郷中があり、西郷隆盛は元服してほどなく、二才頭に選ばれた。この下加治屋町にたくさんの偉人が輩出したというのは、まんざら西郷隆盛の影響と関係がなくはないだろう。

●下級役人のそのまた非正規雇用に

西郷隆盛は相次いで両親を亡くし、若くしてきょうだいたち四男三女の惣領として家族を養っていく重責を負うことになった。

弘化元（１８４４）年、十八歳になった西郷は、迫田太次右衛門に郡方書役助として雇われることになった。これは農村の実態調査と、年貢を集めるのが主な仕事だ。「助」とついているのは、この役職が非正規だというニュアンスか。いわば補助的な立場にすぎず、当然、出世も期待薄だった。

●この男は、いったい何者か？

ところが、ここから西郷隆盛の運命が動きはじめる。

「この男はしょっちゅう意見書を上げてくるが、いったい何者か？」

藩主島津斉彬は、上書を読みながら興味を惹かれた。もちろん、その報告書を出していた役人は西郷隆盛だ。またたいぶ後になるが、安政三（１８５６）年、斉彬に有名な上書を提出している。それは、一〇年に及ぶ郡方書役助として務めた経験をもとにまとめられた、厳しい農政批判だった。

「わが薩摩国ほど農政の乱れているところはない。どうしてこれで農民が成長できるだろうか」

●協調性のない面倒な奴

藩主は西郷隆盛を抜擢しようとした。すると、たちまち反対の声が噴出した。

「この男は粗暴で、なにかと人間関係をこじらせる厄介者です」。同僚の役人たちが意見した。余計な波風を立てたくない者たちにとっては、正義感が強く、思ったことを堂々と臆さず直言する西郷は、協調性のない面倒臭い奴だったのだろう。

ところが、そんな人物評を聞いて、島津斉彬はますます西郷隆盛という青年に興味が湧いたようだ。安政元（1854）年、斉彬は参勤交代の御供として西郷を江戸に同行させた。そして庭方役に取り立てた。

●お庭番の裏の顔

庭方役とは、文字通り庭の掃除をするのが仕事だ。それは、同時に下級藩士の西郷隆盛が藩主と顔を合わせて言葉を普通に交わすことができるポジションでもある。

庭方役にはもう一つの顔がある。それは、藩主の代理として有力な大名や公家に赴き、密命を伝えたり、情報収集をしたりするエージェントとしての役目だ。

西郷隆盛はこうした役回りを通じて、全国の志士たちと交流を重ね、人的なネットワークを築いていった。

「薩摩に人材あり。その名は西郷隆盛」。こうして名もなき下級藩士は、藩主に見出され、やがて日本中に名をなしていった。

●おれは生涯に二人、恐ろしい者を見た

のちのこと、西郷隆盛について、著名な人びとは、それぞれこんなふうに語っている。

「今までに天下で恐ろしい者を二人見た。横井小楠と西郷南洲（隆盛）だ。西郷に及ぶことのできないのは、その大胆識と大誠意にあるのだ。」（勝海舟『氷川清話』）

「なるほど西郷というやつはわからぬやつだ。少しだけたたけば少しだけ響き、大きくたたけば大きく響く。もし馬鹿なら大馬鹿、利口なら大利口だろう。」（坂本龍馬が姉乙女に宛てた手紙）

「西郷吉之助という人物は学識があり、胆力を備えている。常に言葉数は少ないけれど、最

も深い思慮や雄断ができる。そして、たまたま一言を発すると、確実に人のはらわたを貫く。しかも徳が高く、人を自然と感服させるものがある。しばしば人生の中で艱難を経験してきた人だけあって、物事に対処する際、実に手慣れている。」（中岡慎太郎『時世論』）

「いわゆる恩威（温かさと厳しさ）並び備わるというお方であった。また愚賢を超越した大人物。」（渋沢栄一『青淵回顧録』）

●西郷は薩摩の宝だ

そんな西郷隆盛の並外れた器量を、いち早く見抜いていたのは、ほかでもない薩摩藩主の島津斉彬だ。

「私の家中にはたくさんの家来がおりますが、これは、と言える若者はほとんどおりません。ただ、西郷隆盛だけは、薩摩国の宝です。しかしながらこの者は、独立の気性が強いので、私でなければ使いこなせますまい。」（松平春嶽との談話『逸事史補』）

●御前は西洋好みと評判です

島津斉彬は、アヘン戦争で清国がイギリスに滅ぼされたことも、列強の力がアジアを席巻しようとしていることも、琉球貿易を通じて誰よりも早く察知していた。

そこで国富を充実させるために、尚古集成館を建てた。これはいわばハイテクパークのようなもので、溶鉱炉、反射炉、ガラス工房などの近代設備だった。また、アメリカから帰国したジョン万次郎の身柄を保護し、アメリカ式の造船技術や航海術を藩士たちに学ばせた。そんな藩主に、ある時西郷はこう言った。

「御前は西洋好みと評判で、水戸あたりでは笑っていますよ。私にもそう思えます」

「おまえもか。だが、よく考えてみよ。仏教も、文化も、和風と言っているものはぜんぶ外国から入ってきたものだ。今はまだペリーがもたらしたものを洋風といって分けてはいるが、いずれ変わるだろう。笑いたいものには笑わせておけ」

●志士として活動する

ペリーの黒船がやってくると、世相はただならない様相を帯びてきた。その混乱のさなか、井伊直弼は朝廷の許しを得ないまま、日米修好通商条約を結んだ。そして、これに反対する大名や諸藩の志士たちへ一斉に弾圧を開始した。

井伊直弼は紀州藩の徳川慶福（のちの家茂）を次期将軍にしようと画策する紀州派の中心人物だった。いっぽう、島津斉彬は、一橋慶喜を次の将軍の座につけようとする一橋派だった。

安政四（1857）年、島津斉彬の命を受けた西郷隆盛は、将軍継嗣問題で奔走した。しかし、井伊直弼が大老に就任すると、紀州派の勝利で幕を引いた。

●朝廷と幕府の両方を動かせた薩摩

雄藩とはいえ辺境の一外様大名だった島津家が、どうして幕府にも、また朝廷にも影響力があったのか。そこには、島津家七百年の歴史が背景にある。

維新ふるさと館の元館長、福田賢治さんによると、その理由は鎌倉時代にまで遡るという。当時の薩摩、大隅、日向地方は、近衛家が所有する島津荘園だった。この荘園を治めにやってきたのが、近衛家の家来だった惟宗氏で、のちに島津姓を名乗った。これが島津家の始祖だ。そのため、五摂家筆頭の近衛家との関係を通じて、島津家は朝廷へ働きかけることができた。

いっぽうで、一橋家との縁戚関係もあり、島津斉彬の正妻恒姫は、一橋家の当主の娘だった。また十一代将軍徳川家斉の御台所（正室）は薩摩の茂姫、そして十三代将軍家定の御台所、篤姫の輿入れが実現したのも、こうした背景があったからだという。

●ぎりぎりまで公武合体を目指していた

そのようなわけで、薩摩は、最後まで公武合体を唱えていた。今、倒幕となれば、西洋の植民地となる。だから幕府を支えなければならない。いっぽう万一、朝廷に危機があれば薩摩が全力で守るスタンスを貫いた。

●志士たちが活躍できた背景

このような長い歴史や背景のうえに、西郷隆盛や大久保利通が活躍するお膳立てが整っていた点を忘れてはならない。維新ふるさと館の福田さんは、その点を力説してくださった。長い背景がなければいくら力があるとはいえ、辺境の大名にすぎない。

「歴史は大きな流れの上で起こるものです。明治維新のような、大きなことは成し遂げられなかったでしょう」

歴史の転換点がやってきたとき、最前線で活躍したのが西郷隆盛を始めとする英傑たちだった。そして彼らを登場させたのも、歴史の必然だったと見ることができるだろう。

二．挫折の時

●あまりに突然な斉彬の死

ところがここで、事態は急転直下する。安政五（1858）年、島津斉彬が、鹿児島城下の天保山で薩軍の大規模な軍事調練を行った一週間後、急逝してしまったのだ。まるで毒殺を疑われるほど、突然の出来事だった。

その知らせを聞いた西郷隆盛の落胆ぶりといったらなかった。後を追って殉死を決心したほどだった。このとき西郷を説得し、島津斉彬の意志を継ぐよう励ましたのが、月照だった。

●恩ある人を一人死なすわけにはいかない

月照は尊王攘夷に情熱を傾けた京都の僧侶だ。公家との間を取り持つなど、薩摩藩のために働いてくれた恩人であり、西郷隆盛とも親交があった。

西郷は、安政の大獄によって追われていた月照をかばいきれず、共に錦江湾に身を投げて自殺を図った。ところが奇跡的に西郷隆盛だけ生き残った。藩としては西郷を死んだものとして扱い、墓まで用意した。そして幕府の追尾を晦ますために、奄美大島に潜居させることにした。

●三度死んだ男

西郷隆盛は三度死んだといわれる。一度目はこの月照との入水事件。二度目は、沖永良部島に遠島となったとき。そして本当に西南戦争で死んだときが三度目だ。この一度目の死という体験を通じ、深い悲しみの中から、自分に課された天命を感じ取るようになった。それはその後の西郷隆盛の行動規範となっていった。

●菊池源吾と名を変えて奄美大島へ

西郷隆盛は生涯に九回も名前を変えている。西郷小吉に始まり、善兵衛、三助などがあるが、いちばん長く使ったのは吉之助だった。奄美大島に潜居していた時は、幕府の目から逃れるために苗字まで変え、菊池源吾と名乗っていた。

菊池氏は大化改新に遡る名家で、室町時代には肥後守護職も務めた。西郷家はこの菊池家の庶流とされ、隆盛なりの思い入れがあったのだろう。

●なぜ「南洲」なのか

西郷隆盛は、のちに「南洲」という雅号を名乗った。洲は小さな島のことで、南の島という意味だ。奄美大島での潜居、その後の徳之島や沖永良部島の囲いの中での過酷な生活を通じて、西郷隆盛は次第に自分自身の考えを培っていった。その思いがこの雅号には託されているという。

ちなみに大久保利通は「甲東」という雅号を称した。鹿児島市の真ん中を流れる甲突川の東側で生まれ育ったという意味を込めている。

●島民への圧政をなんとかしたい

奄美大島での生活は遠島ではなく潜居だったから、六石と、わずかながら扶持もついた。「ハブのような毛唐人」とぼやいているように、まるで獲物に食らいつきそうな人びとのまなこに最初はなじめなかった。けれども、次第に過酷なサトウキビ税の実態がわかってきた。あれほどの名君、斉彬が治めていたにもかかわらず、農民たちはずっと苦しんでいたのだ。西郷の心には島の暮らしへの共感と義憤が芽生え、彼らのために藩に働きかけた。

●女子不犯の誓いを立てていた西郷隆盛

西郷隆盛には生涯に三人の妻がいた。最初は二六歳の時で、名門豪族の分家、伊集院家の娘、須賀と結婚した。けれども三年足らずで離縁し、子どもはいなかった。

その後、「女子不犯の誓い」を江戸の同僚に立てている。島津斉彬が亡くなった後、お由羅騒動という次期藩主をめぐる争いが起こった。渦中の奸女、お由羅のふるまいが、西郷を女性不信に陥らせたのか。それとも、須賀との悲しい別れのせいだったのかはわからないが、数年間は独身を通した。

●誓いを解いて島妻を迎える

だが、そんな西郷隆盛にも転機が巡ってきた。奄美に潜居して十カ月経った頃、滞在していた龍郷村の有力者、龍家の娘、愛加那との縁談を勧められ、西郷隆盛も気に入って娶った。

ただ、藩に届けを出して認められた婚姻ではなかったので、愛加那は島妻という扱いで、鹿児島本土には連れて帰ることはできなかった。帰藩命令が出た時、愛加那は別れを悲しみ、西郷の毛髪を形見としたという。

●帰藩も束の間、ふたたび流罪に

奄美潜居の間、中央では、桜田門外の変で大老井伊直弼が暗殺され、世の中は大きく動いていた。徳川幕府の命運は尽きようとしている。一刻も早く鹿児島へ戻りたいと再三願い出ていた西郷隆盛に帰藩の命令が出たのは、文久二（１８６２）年のことだった。

だが、せっかく鹿児島に帰れたのも束の間、その四カ月後に、今度は徳之島に流罪となった。その後間もなく、さらに本土から遠い沖永良部島へ流され、牢獄での生活を余儀なくされた。

罪状は、島津久光の指示に従わず、自らの判断で京都に行ったこと。もともと久光は斉彬派の西郷をよく思っておらず、西郷もまた久光を信頼していなかったといわれる。

●囲いの中でたどり着いた境地

さいはての沖永良部島の牢獄。いつ首を切れと言われるかわからない状態で、西郷隆盛は読書にふけり、そしてこれまでの活動を振り返った。これからどう政治はあるべきなのだろうか。沈思黙考する日々の中で、彼のもっともよく知られる言葉「敬天愛人」がゆっくり像を結び始めた。

三．飛躍の時

●あの男を呼び戻そう！

沖永良部島でなお絶望することなく、西郷隆盛が学問に励んでいたころ、薩摩は窮地に陥っていた。

文久二（１８６２）年、島津久光の行列に馬上のイギリス人が乱入したため、供回りの藩士

が彼らを殺傷した生麦事件が起こる、

そしてこのことがきっかけで、翌年には薩英戦争が起こり、手痛い打撃を被った。いっぽう、異国を追い出そうと過激な行動を繰り返す長州藩を、薩摩と会津とで京都から追い出した八月一八日の政変も起こる。

「こうした苦しい状況を乗り越えるためには、西郷隆盛の力が必要だ」

そんな声が薩摩藩内では日に日に大きくなり、ついに島津久光もこれに同意した。

●名実ともに明治維新の立役者に

元治元（1864）年、沖永良部島から鹿児島に戻ってきた西郷隆盛は、それまでの沈黙とは真反対の、めざましい活躍をする。同年、軍賦役として京都に赴き、禁門の変では薩摩軍を指揮した。

慶応二（1866）年には、坂本龍馬の立会いのもと、関係が悪化していた長州藩と薩長同盟を結んだ。その翌年、大政奉還。そして王政復古の大号令によって徳川慶喜を歴史の舞台から退場させた。こうして西郷隆盛は、明治維新の立役者となっていった。

●薩摩おごじょ、糸子夫人

その間の、元治二（1865）年、西郷は三回目の結婚をしている。相手は薩摩藩家老を補佐する岩山八郎直温の娘、糸子（糸、イトとも）だ。華奢で気品があり、ユーモアを兼ね備えた薩摩おごじょといわれ、正妻として西郷隆盛の偉業を支え続けた。

西郷隆盛と糸子との間には三人の男子を設けたが、愛加那との間に生まれた長男菊次郎と菊子ものちに引き取り、分け隔てなく育てた。

●江戸城無血開城をやってのける

大政奉還のあとに起こった戊辰戦争でも、中心となったのは西郷隆盛だった。明治元（1868）年、東征大総督府下参謀に任命されると、わずか二週間後には東海道の要衝だった箱根を占領。その後、勝海舟と会見し、お互いに血を流すことなく江戸城を明け渡すという交渉をまとめた。

●駐屯は害こそあれ、益のないこと

休む間もなく、西郷隆盛は新政府軍を率いて会津、奥羽、越後による奥羽越列藩同盟の征討に赴き、次々と各地を平定していった。

そして、『西郷南洲翁遺訓』が、のちに誕生するきっかけをもたらした戦いも、この時繰り広げられた。薩摩軍を主力とする新政府軍は、庄内藩を攻略。同年九月二六日、死力を尽くして戦う庄内藩をついに降伏させた。が、予想に反して薩摩軍は庄内藩に寛大な対応をし、終始、礼儀にかなう振る舞いをした。

「駐屯は害こそあれ、益のないこと」

降伏を見届けた西郷隆盛はそう言い残して、まっ先に鶴ヶ岡城を去った。

●空白の二年間

が、ここから西郷隆盛の公人としての姿はすっかり消えてしまう。庄内藩を鎮圧すると、西郷は東京と京都に寄り、東北における戦争の終結を報告した。そしてさっさと鹿児島に戻ってしまうのである。その期間は、明治元（1868）年十一月から明治四（1871）年一月までのほぼ二年だ。

どうして新政府にとどまって、新しい国づくりに着手しなかったのか。その理由をはっきりと示す資料は、今も見つかっていないという。

ただ、この『西郷南洲翁遺訓』の冒頭で、まず述べている内容がそのヒントになるかもしれない。

「どれほど功労があったとしても、その褒章として官職に就かせるなど、もっとももよくない

（第一条）」

●世俗からフェードアウトするという処世観

この空白期間、いったい西郷隆盛は何をしていたのだろうか。

鳥羽伏見の戦いに目処がついたころ、西郷隆盛は鹿児島にある屋敷の留守番役をしていた川口雪篷にこんな手紙をしたためた。

「戦いが鎮まったならば、もう、おいとまを願い出て隠居することに決めております。人の間に立ってご奉公を続けるのは、本当にこれ以上は無理なようです。気後ればかりして、どうにもいたしかたありません」

天命を全うしたあかつきには、世俗を離れて安らかに、慎ましく暮らしたい。そんな処世観が伝わってくるようだ。

●新たなステップへの充電期間

実際にはこの二年をどう過ごしていたかといえば、もっぱら湯治と兎狩りの日々だったという。振り返れば、奄美大島に流されたのが三三歳。過酷な島での日々と、維新の最前線で息も切らない活躍を続けてきて、今や四二歳。心身ともに疲れ果てていたに違いない。

この空白の二年間を新たな活動のエネルギーを充電する期間と見るなら、あの奄美大島や沖永良部島での読書と省察の時と重なりはしないだろうか。

●留守政府を任され大改革を次々と

とは言っても、時代は西郷を必要としていた。明治三（1870）年、とうとう薩摩藩主の島津忠義がじきじきに西郷を訪ね、薩摩藩の大参事に就くよう要請した。

その後さらに請われ、明治四（1871）年、明治政府の参議に就任。廃藩置県や四民平等などを進め、封建制度のくびきから人民を解き放っていった。

この年、岩倉具視、木戸孝允、大久保利通など新政府の主要なメンバーは、欧米へ一年半以上もの長期にわたって視察に出かけていった。その空白を見事に埋めたのが西郷隆盛と、ずば抜けた実務の力があった江藤新平を中心とする留守政府組だった。彼らは地租改正、徴兵制、府県裁判所の設置、学制の発布など、ほとんどの大改革がこの留守政府のもとで断行された。

●あんたは職務に忠実な正直者だ

参議となり、改革に着手し始めた頃のこと。ある日、太政官会議が終わって帰ろうとすると、履き物がない。仕方がないので裸足で雨の中を歩いて門を出ようとした。すると門番が不審に思い、呼び止めた。「参議の西郷だ」と答えると、「調べるからそこで待て」という。まさかあの有名な政治家が裸足で歩いているはずがないと、門番は思ったのだ。西郷は雨の中、ずっと待っていた。と、そこへ岩倉具視が馬車で通りかかった。岩倉は西郷へ声をかけ、馬車に乗せた。それでようやく門番は本物だと気付き、平謝りした。西郷は笑いながら、こう言った。

「門番さん、あんたは職務に忠実な正直者だ。見上げたものです」

四. 終焉の時期

●危険な任務だからこそ自分が出向こう

明治六（１８７３）年、西郷隆盛は突如、参議と陸軍大将の座を投げ打って鹿児島へ帰ってしまう。これは明治六年の政変、いわゆる朝鮮派遣をめぐる論争が背景にあった。

欧米の植民地主義とロシアの南下政策から日本と東アジアを守るために、朝鮮と連携しなくてはならない。西郷隆盛はかねがね、そんな構想を描いていた。しかし、日本の新政府からの働きかけに、朝鮮の王朝は一向に応じない。そこで当時、実権を握っていた大院君と話しあうために、西郷隆盛が交渉役として赴くことが日本の中では決まっていた。非常に危険を伴う役目だからと、西郷隆盛自らが進み出たわけだ。

●鹿児島に急ぎ下野した理由

けれども岩倉具視らの海外視察組が帰国するや、西郷隆盛が朝鮮特使となる案は二転三転し、けっきょく覆されてしまった。ただ、取り急ぎ東京を離れたのには、ほかにも理由があった。一部の兵士たちが、内大臣の三条実美を斬ると騒ぎだしたのだった。さらには西郷隆盛を担ぎ出して人騒ぎ起こそうという勢いだった。

陛下のお膝元で、そのような事態になっては申し訳ない。西郷はそう考え、先手を打って東京を後にしたのだった。

●名前を改め農夫となる

鹿児島郊外の武村へ帰った西郷隆盛は、武村の吉と名前を変えて農作業にいそしんだ。その合間、明治七（１８７４）年には私学校を、また翌年には寺山開墾社を設立した。これは帰郷した西郷隆盛を慕ってやってきた青年たちを統率し、育成するのが目的だった。

そんな西郷に中央政府へ出仕するよう、何度か誘いがあった。けれども西郷は、大山巌にこんな手紙を書いた。

「今はまったくの農民になりきって、一心に勉強しております。人間はどのようにも落ち着けるものだと思いました」

●大義を説いて聞かせる余地もない

しかし、周囲はにわかにあわただしくなっていった。明治七（1874）年、西郷といっしょに辞職し、郷里の佐賀へ帰った江藤新平が佐賀の乱を起こし、政府に破れて西郷のもとへ手助けを求めてきた。

だが、このときの西郷隆盛は江藤に大変厳しかった。

「付き従った三千人もの士族を見殺しにして、おめおめと逃げてくるような者に大義を説いて聞かせる余地もない」

けれどもやはりかつて留守政府を預かって共に働いた江藤のことは気になったようで、一晩じっくり語り合ったという。翌日、江藤は船で高知へ渡り、そこで捕らえられ、ほどなく処刑された。

●天下の不祥事であるのに、君らは何を言うか

明治九（1876）年、政府は廃刀令や俸禄の廃止を断行した。これが引き金となって、全国に一九〇万人もいたと言われる士族の不平不満が爆発していった。神風連の乱、萩の乱、秋月の乱などが立て続けにおこった。

鹿児島でも決起の機運が高まり、そうなれば担ぎ出す人物は決まっていた。しかし、西郷隆盛は一貫して政府に反旗を翻すことには反対だった。私学校の生徒らが、他所での挙兵に呼応しようと詰め寄ると、西郷は一蹴した。

「天下の不祥事であるのに、君らは何を言うか」

●ちょっ、しもた！

ところが、西郷も思いも寄らないことが起きる。きっかけは、鹿児島での不穏な動きを先回りするように、政府が同地にあった陸軍の弾薬庫を密かに大阪へ移すことにし、移動が開始されたことだった。

それを私学校の生徒ら五十人が、奪い返してしまったのだ。大隅半島に狩に出ていた西郷隆盛は知らせを聞いて、思わず叫んだ。

「ちょ、しもた！」

生徒たちのそばを離れずに、もっと目を光らせておくべきだった。鹿児島に戻った西郷隆盛は、生徒たちに言った。

「弾薬を奪って、何をするつもりだ」

それは、まるで雷鳴が轟くかのようだったという。隣室にいた息子、菊次郎は「父があんなに人を叱りつけていたのを聞いたことがない。少年だった私は恐ろしくてならなかった」と後年語っている。

●私の体をさしあげましょう

が、すでにこの時点で取り返しのつかないことが、西郷隆盛にはわかっていた。佐賀や萩、秋月の乱の例にもれず、実行犯を差し出せと政府は要求してくる。

西郷は、私学校の主だった仲間と善後策を協議した。もともとの非は政府にあり、正義を正そうということに決まった。その時、西郷はこう言ったとされる。

「私の体をさしあげましょう」

これは、自分が責任を取って政府に身をあずけるということだろうか。いや、そうではない。私学校の生徒たちを見捨てず、彼らと命運を共にしようという決意だったとされる。

●薩摩は猪突猛進だから、後ろから攻めればいい

西南戦争が起こると、鹿児島の町は敵味方に二分された。政府軍の主だった指揮官も鹿児島の出身者だ。だから彼らは敵情に精通していた。

「薩摩の人間は猪突猛進で、引くことを知らない」

そこで、西郷隆盛が率いる薩摩軍が熊本城を包囲している際、政府軍は八代に上陸。背後から薩摩軍を突いて大打撃を与えた。その指揮に当たったのは、西郷の生家にほど近いところで育った高嶋鞆之助や黒木為楨ら、かつて西郷を慕った後輩たちだった。

●これなら日本も安心だ

熊本城の包囲を崩された薩軍は、その後南九州を転戦。出陣した際には一万六千もの兵力を整えていたけれども、半年におよぶ戦いの末、三千五百人ほどに減ってしまっていた。決戦の地となった宮崎県北部、延岡の可愛岳では、五万人の政府軍に包囲されてしまった。激しい戦いの末に決定的な負けを喫した薩軍は、ここで万事休す。だが西郷隆盛は飛び交う銃弾をものともせず、政府軍を眺めながら腹心たちに悠然と語ったという。

「おまえたちはいつも町人・農民の軍隊だと馬鹿にしていたが、今日の官軍は強いではないか。これなら日本も安心だ。どんな外敵もしりぞけることができるだろう」

西郷隆盛は全軍に解散命令を出し、それでも残った三百名あまりといっしょに敵中突破を果たした。そして、最後は故郷で死のうと鹿児島の城山に陣取った。何重にも取り巻く政府軍の攻撃に、ついに西郷隆盛も自決した。明治十（１８７７）年九月二四日のことだった。

●政府軍に参加した人は鹿児島に帰れなかった

大山巌は政府軍の砲隊の司令長官を務めたが、西南戦争のあと、一度も郷里の地を踏んでいない。大久保利通もしかり。政府軍の長を務めた他の鹿児島出身者もそうだ。弟の西郷従道でさえ、隆盛の一三回忌の際、ようやく帰郷している。

また征討参謀を務めた黒田清隆は西南戦争の際、八代から北上して薩軍を背後から突き、北から南下してきた山県有朋と熊本城で合流した直後、征討軍を辞任し北海道へ消えた。西郷隆盛を最後まで追い詰めることは、さすがにできなかったからだという。

●夜空に出現した西郷星

西南戦争のまっただなか、ある噂が駆け巡った。明治十（１８７７）年、火星が地球へ大接近し、夜空にひときわ輝いた。天文について知識がなかった当時の人びとは不安にかられ、西郷星と呼び始めた。そのうち、星の中に軍服を着た西郷隆盛の姿が見えたという尾びれまでつくようになっていった。

新聞や瓦版はこぞって取り上げ、西郷星を描いた錦絵もよく売れたという。まさかいるはずのない場所に西郷隆盛の姿が投影されたという社会現象は、それだけ、人気を集め、さらには神格化されていったことを象徴する出来事だった。

五. 追憶の時期

●名誉回復と銅像づくりの機運

明治二二（１８８９）年に第日本帝国憲法が発布されると、大赦令によって西郷隆盛は正三位を追贈され、名誉回復となった。天皇から五百円の下賜金があり、これを原資として銅像を建設するための募集が始まった。最終的には二万五千人が応じ、およそ三万二千円が集まった。

●没後も続いていた庄内との絆

上野に西郷像を建てようという話が出た際、発起人になったのは、伊藤博文、板垣退助、大隈重信など五一人。その中には、庄内藩主だった酒井忠篤もいた。

酒井公は、西郷隆盛が西南戦争で賊名を負う形で死んだあとも、ずっと鹿児島との縁を大切にしていた。毎年秋になると、西郷と身近に接してその考えに触れることができた旧臣たちと一緒にささやかな祭典を開き、西郷隆盛を忍んだという。

●上野の犬連れ像はどうやって決まったか

像の製作は東京美術学校（今の東京芸術大学）に委託。西郷像は高村光雲、犬は後藤貞行が原型を彫り、岡崎雪声が鋳造を手がけた。

高村光雲はスケッチ画を元勲たちにプレゼンテーションする。けれども、軍服姿、羽織り姿、どれもなかなか首を縦に振ってくれない。三度目に犬連れ像のアイデアを持っていったら、当時、文部大臣だった榎本武揚がすかさずこう言った。

「こりゃ、本当に西郷じゃ！　なにもしゃちこばったものでなくてもよろしい」

これで決まった。そして薩摩絣に草履ばきのアイデアは、当時の陸軍大将の大山巌だったという。

●へん、銅像は口をきかないよ

明治三一（1898）年、西郷隆盛像の除幕式があったが、勝海舟は出席を渋っていた。「西郷の銅像を上野に建てたとて、それが何だい。銅像はおーきにありがとうってお礼を言うかい。へん、銅像は口をきかないよ」（『氷川清話』）

西郷を死なせたのは、そもそも誰なんだという思いが海舟にはあった。しかし周囲の説得でやっぱり出かけることにした。当日、彼は西郷隆盛夫人の糸子から「あなたがおいでくださったので、西郷もあの世で喜んでおりましょう」と言われ、思わず涙をこぼした。

その一カ月後、勝海舟は友の元に逝った。享年七六だった。

●こんな人じゃなかった

上野の西郷像の除幕式でのこと。披露された銅像を見た瞬間、糸子夫人は思わず「こんな人じゃなかった」とつぶやいた。隣にいた西郷従道は、あわてて「シーッ」とたしなめた。

その晩、従道は彼女にこう言った。

「あの銅像は、故人の遺徳を慕うたくさんの人びとが善意で立ててくださったもの。西郷家の者が文句がましいことを言ってはなりません」

作家の海音寺潮五郎は、西郷隆盛の孫、吉之助から聞いた話として、こんな後日談を記している。

「祖母（糸子夫人）は、上野の銅像が気に入りませんでね。『おじいさまは、いつも誰にでも礼儀正しいお人でした。あんなぶざまななりで、人様の前に出ることはありませんでした』と、折に触れては私らに言ったんですよ」

●市民の思い入れが宿る西郷像

鹿児島市内の城山の麓に立つ西郷像は、身長五・二五七メートル。西郷没後五十年を記念し、十年の歳月をかけて昭和一二（１９３７）年に建てられた。手がけたのは地元出身の安藤照。初代忠犬ハチ公の制作者としても知られる彫刻家だ。銅像は東京で制作され、はるばる鹿児島市まで貨車で運ばれた。

設置の際には、地元の小中学生をはじめ、多くの市民が海から石を運び、築山を盛った。まさに市民の「西郷さん」への思いが込められている銅像だ。

●写真を一枚も撮らなかった理由

西郷隆盛は生涯に一度も写真を撮らなかった。その理由を、西郷南洲顕彰館の元館長、高柳毅さんはかつてこう語ってくださった。

「西郷さんは生きている人だけでなく、亡くなった人にも誠を尽くしました。月照さんとの入水事件のあと、図らずも一人だけ助かってしまい、もはや自分は土中の死骨にすぎない。したがって娑婆に出てきて、カメラの前に立つのははばかられる。そんな思いがあったのでしょう」

●どの肖像画がいちばん似ているか

英国外交官アーネスト・サトウは「西郷さんの瞳はダイヤのように黒く輝いている」と言った。数ある肖像画でいちばん本人に似ているとされるのは、本書の帯に使用したものとされる。

これはいとこの大山巌の輪郭と、弟従道の目元を合わせたもの。イタリア人のお雇い画家エドアルト・キヨッソーネが、西郷の没後間もない明治十一（1878）年に描いた肖像画だ。オリジナルは糸子夫人に贈呈され、大変気に入ったという。

●本当に巨漢だったのか

薩摩藩校造士館があった場所には、今、黎明館という博物館が建っていて、そこに西郷隆盛の軍服が展示してある。軍服はぴったり採寸するところから、その人の体格が正確にわかるらしい。学芸員さんによると、西郷の背丈は178センチ、体重は110キロほどとなるそうだ。当時の武士の平均身長が155センチといわれていたから、やはりずば抜けた体格だった。

●今も訪れる人が絶えない南洲墓地

鹿児島市内、桜島を望む小高い丘に南洲墓地がある。ここには西郷隆盛をはじめ、西南戦争のあと、ほど近い城山での決戦だけでなく、宮崎、熊本、大分などから集められた薩軍兵士2023名が眠っている。その中には、庄内藩士だった伴兼之と榊原政治の墓もある。二人はとても優秀で、西郷隆盛が設立した私学校で学び、フランスへ留学することも決まっていた。だが、西南戦争が始まると「庄内に帰って国のために尽くしなさい」と進められたが応じず、参戦して西郷に殉じた。享年は榊原十八、伴二十。二人の墓は遠く庄内を向いて立っている。

南洲墓地には西郷神社、そして西郷南洲顕彰館が隣接しており、訪れる人は今も絶えない。

●活躍する子孫たち

「子孫に美田を残さず」は、西郷隆盛の言葉だとは知らなくとも、よく耳にする言葉ではないだろうか。これは『遺訓』の五条に記されている、西郷隆盛が詠んだ漢詩の結句だ。

西郷隆盛には五人の実子と、三四人の孫がいた。京都市長を務めた長男菊次郎や貴族院議員となった寅太郎だけでなく、その子孫も含め有意な人材を輩出しており、教育界から実業界まで多彩だ。実際には、子孫に美田を残さなかったのだろうか。実はこの一節にまつわる、こんなエピソードがある。

明治六（1873）年、鹿児島に下野したあとの話だ。ある日、一等地に田畑が売りに出ているという話を聞いた糸子夫人が、西郷隆盛に購入してはどうかと相談してみた。すると西郷は急に恐い顔になって、こう言った。

「わが家では誰が馬鹿か」

言葉の真意がわからず糸子夫人がだまっていると、さらにたたみかけた。

「どの子が魂が入らぬか」

西郷隆盛が言うには、馬鹿息子がいれば田も買わなければならない。魂が入らない子がいれば畑も買っておかなければならない。けれども幸い、我が家には人並みの子どもが生まれている。成長したら銘々がそれ相応に自活の道を立てていくだろう。

西郷隆盛のその思いは、確かに実現した。

第2部

現代日本語訳で読む
『西郷南洲翁遺訓』『漢詩篇』

※第2部　現代日本語訳の作成にあたっては、『新版　西郷隆盛「南洲翁遺訓」』（猪飼隆明　訳・解説　角川ソフィア文庫）、『西郷南洲遺訓』（山田済斉編　岩波文庫）、『西郷南洲翁遺訓』（財団法人西郷南洲顕彰会）などをもとに、さまざまな訳書を参照しました。また。読みやすさを考慮して、適宜、注釈や解説等を施しました。なお原文の引用は、『西郷隆盛「南洲翁遺訓」』（角川ソフィア文庫）によります。この場を借りて感謝申し上げます。

第1章

『西郷南洲翁遺訓』

現代日本語訳

一・リーダーシップを執る人の資質とは

政府の役人となって国の政治を執り行うことは、天が指し示す道理を現実の世で実践していくということである。自分自身はもちろんのこと、出身地や出自が有利になるよう取り計らうなど、わずかでも私心をさしはさむようなことをしてはならない。

今、重要な役職や地位にある者は、どんなことがあろうとも心を公平にすること。そして、天の道理を実践することだ。この心がけを持って広く日本の全体から有能な人を選び、その職務にふさわしい人物に政権を担当させなくてはならない。これこそが天の意思なのである。

さらには、この人こそ有能だと思われる人物がいることがわかったら、すぐにでもその人に役職を譲れる気構えを持たなければならない。明治維新を進める際に、どれほど功労があったとしても、その褒章として官職に就かせるなど、もっともよくないことだ。その人物がその職をじゅうぶん任せられる才能がないとしたら、なおさらだ。
重要な官職というものは、その任に耐えられるだけのすぐれた人物を選んで、任務に就けるべきなのだ。維新などの功労者には、官職ではなく、俸禄を授与して報いるのがよい。

このように南洲翁（西郷隆盛）は言われた。中国の古い経典である『尚書』の中にも、そのような一節がある。「人徳が高い者は、官位につけて職務に励ませなさい。功績がある者には、褒美を与えて励ませなさい」

これとおなじ意味でしょうかと南洲翁に尋ねたところ、顔をほころばせて、「その通りです」と答えられた。

（原文）一　廟堂《びょうどう》に立ちて大政《たいせい》を為すは天道を行ふものなれば、些《ちっ》とも私を挟《はさ》みては済まぬもの也。いかにも心を公平に操《と》り、正道を踏《ふ》み、広く賢人を選挙し、能《よ》く其の職に任《た》ふ

『尚書』　中国五経の一つ『書経』の別名で孔子の編という。

る人を挙げて政柄を執らしむるは、即ち天意也。夫《そ》れ故《ゆえ》真に賢人と認る以上は、直に我が職を譲る程ならでは叶《かな》はぬものぞ。故に何程国家に勲労有るとも、其の職に任へぬ人を官職を以て賞するは善からぬことの第一也。官は其の人を選びて之れを授け、功有る者には俸禄を以て賞し、之れを愛《めで》し置くものぞと申さるるに付き、然らば『尚書』(『書経』)仲《ちゅう》虺《き》之誥《こう》に「徳懋《さか》んなるは官を懋んにし、功懋んなるは賞を懋んにする」と之れ有り、徳と官と相ひ配し、功と賞と相ひ対するは此の義にて候ひしやと請問《せいもん》せしに、翁欣然《きんぜん》として、其の通りぞと申されき。

言葉の背景

天が指し示す道理というものは、人の思惑によって都合よく決めてはならないと西郷隆盛は言う。天という言葉は遺訓の随所に出てくるが、ここでは、人為よりも先にある物事の道理という意味だろう。

明治維新を経て、日本中が新しい世の中を作る理想に燃えていた中で、うまみのある役職について私欲を肥やす者がいたことが想像される。誰とは言わないけれど、とりわけ「廟堂」、つまり天皇を中心とした政治の場で、「大政」、政治を司る人びとは、よほど公平を心がけるよう戒めたものだ。
そして、要職に就くべき人は、維新の手柄があった人ではなく、公平に実力と人間性で選ぶべきだ。それが天の道理にかなう行いであり、政治は天の道理を実践することだと述べている。
『尚書』は『書経』とも呼ばれ、儒教の教えである「五経」の一つだ。伝説上の聖人とされた堯、舜に始まって、夏、殷、周までの天子や諸侯など、リーダーの気構えを説いている。

『書経』　中国の儒教経書、五経に含まれる書物の一つ。

「五経」　中国における、重要古典の名数的呼称。『易経』『書経』『詩経』『礼記』『春秋』の五つを指す。

堯、舜　中国の伝説上の聖天子。堯と、そのあとを継いだ舜とあわせて「堯舜の治」といい、旧中国ではもっとも理想的な天子像とされていた。

夏、殷、周　古代中国における堯と舜に夏・殷・周の三代を加えた時代を「唐虞三代」という。

二、判断基準となる原点をまず定めよう

賢明なリーダーたちは、役人をぜんぶ束ね、政権が一つにまとまるよう努めること。そうしないと、せっかく有能な人材を用いてみんなで討議できる機会をお膳立てしたとしても、それだけでは成功する見込みはないだろう。

一体、どの意見を取り入れ、どれを却下するか。これについて判断するための定まった方針が必要だ。この点がはっきりしていなければ、万事が雑でまとまりがない施策で終わってしまうだろう。

言い換えるなら、きのう出した命令を翌朝には変更するようなもの。やることがみんなバラバラで、政治を行う方針が一つに定まっていないからこうなるのである。

（原文）二　賢人百官を総《す》べ、政権一途に帰し、一格の国体定制無ければ縦令《たとい》人材を登用し、言路を開き、衆説を容るるとも、取捨方向無く、事業雑駁《ざっぱく》にして成功有るべからず。昨日出でし命令の、今日忽ち引き易《か》ふると云ふ様なるも、皆統轄する所一ならずして、施政の方針一定せざるの致す所也。

言葉の背景

新しい日本をどんな国のありかたにしたらよいか。西郷隆盛が抱いていたイメージが垣間見られる一節だ。せっかく有能な人材を用いたとしても、それだけでは国はたちゆかない。

「国体」とは、ここでは新しい日本がどんな国造りをめざすのかというビジョンのことだろう。その姿を国の指導者たちがはっきりと指し示さないかぎり、朝令暮改のような場当たり的な施策ばかりになってしまうと戒めている。

三．真っ先にやることをはっきりさせよう

政治の根本は三つの要素からなっている。国民の教育を拡充させること。国を自衛するために軍備を増強すること。食料を安定して自給できるよう農業を奨励すること。これら以外にもさまざまな政策があるが、それはすべてこの三つの基本政策を助けるための手段だと言える。

この三つの政策の中で、どれを優先して行うかといった順序は、もちろん時世との兼ね合いによるだろう。しかし、変わらない点は、どんな状況にあろうと、この三つの政策を後回しにしてはならないこと。他の課題を優先させることはあり得ないのである。

（原文）三　政の大体は、文を興し、武を振ひ、農を励ますの三つに在り。其の他百般の事務は皆此の三つの物を助《たすく》るの具也。此の三つの物の中に於て、時に従ひ勢に因り、施行先

後の順序は有れど、此の三つの物を後にして他を先にするは更に無し。

言葉の背景

原文にある「文」とは学問、イコール教育のこと。また、「武」とは軍備を指す。そして、明治維新の当時、さかんに言われた富国強兵策のなかでも、とりわけ「農」について、西郷隆盛は特別な思い入れがあったようだ。

彼は数え十八歳で薩摩藩の郡方書役助という任務についた。これは、農村をめぐり、農民の生活に密着した農業指導や年貢の取り立てを行う役目だった。そこで、西郷は農民の苦しい生活や、過酷な年貢に耐えられず逃散する農民たちをたくさん見てきた。

「虫よ虫よ　五ふし草の根を絶やすな
　断たば、おのれも共に枯れなん」

この歌は、その当時の上司の迫田太次右衛門が詠んだ歌だ。西郷はその後もこの歌を口ずさんでいたことが知られる。「虫」というのは藩や役人を指し、「五ふし草」というのは稲のことを指すという。根まで食いつくしたら、結局は自分たちも死んでしまうぞという警告だ。商業も工業もゆるぎない農業の生産があって初めて成り立つもの。この考え方は彼の若い時代に培われ、一貫してその思いを抱き続けたようだ。

迫田太次右衛門

1786〜1855年
本名迫田利済、幕末の薩摩国の郡奉行。太次右衛門は通称。西郷隆盛を郡方書役助として雇い、西郷の意見をもとに藩に年貢を下げるよう申し出たが、聞き入れられず辞職した。

四. 身を粉にしてやっと当たり前

国民の上に立つ者は、国民の手本となることが求められる。どんな時も自分自身を慎み、品行を正しくすること。おごり高ぶったり、偉そうな態度を取ったりしてはいけない。また、つねに倹約をつとめ、職務に一生懸命励むべきだ。

しかし、それだけではまだ不十分と言える。上に立つ者の働きぶりや暮らし向きを納税者である国民が見て、「あんなに身を粉にして働くなんて、気の毒だ」と思われるくらいでなければ本当とはいえない。そこまでやってようやく、政策や政府の通達は滞りなく行われるだろう。

それなのに、今の明治政府の高官たちはどうだろうか。この維新間もない大事な創成期に、真っ先に立派すぎる住まいを建ててみたり、服装を華美にしては自慢したりしている。あるいは、妻以外にも美しい女性を愛人に囲い、お金を蓄えることに熱心だ。こんなことでは、維新の偉業は最後までやり遂げることなどけっしてできないだろう。
今となっては、あの戊辰戦争も、ただ私利私欲を肥やす指導者を登場させるためだったのではないか。そのように批判されても仕方があるまい。世の中に対しても、また、新しい時代を切り開くための戦いで散っていった沢山の戦没者に対しても、本当に面目ない次第である。
南洲翁は、そう語り、しきりに涙を流されたのだった。

（原文）四　万民の上に位する者、己れを慎み、品行を正くし驕奢《きょうしゃ》を戒め、節倹を勉め、職事に勤労して人民の標準となり、下民其の勤労を気の毒に思ふ様ならでは、政令は行はれ難し。然るに草創《そうそう》の始《はじめ》に立ちながら、家屋を飾り、衣服を文《かざ》り、美妾《びしょう》を抱へ、蓄財を謀りなば、維新の功業は遂げられ間敷《まじき》也。今となりては、戊辰の義戦も偏《ひと》へに私を営みたる姿に成り行き、天下に対し戦死者に対して面目無きぞとて、頻《しき》りに涙を催《もよお》されける。

大久保利通
1830〜1878年
薩摩藩出身の幕末・明治初期の政治家。西郷隆盛、木戸孝允と共に「維新の三傑」の一人。

伊藤博文
1841〜1909年
明治期の政治家。長州藩の松下村塾に学び、初代総理大臣となる。

井上馨
1835〜1915年
元長州藩士、明治の元勲。

言葉の背景

あらためて上に立つ人の資質について述べている。役人は品行方正であるだけでなく、気の毒だと思われるくらい身を粉にして働くべきだという。しごく当たり前のことを、ことさら念を押しているのはなぜだろうか。

明治元（1868）年、戊辰戦争が終わると西郷隆盛はいったん政府の要職を退いた。もう一度政府に戻ってきてほしいと何度も請われたが、彼はこう答えた。「今の政治家たちは泥棒と変わらない。私にそんな連中の仲間になれというのか」。そう言って、一笑に附したという。

ほんの少しでも西郷隆盛に娑婆っ気のようなものがあったなら、大久保利通や伊藤博文、あるいは井上馨らとも、うまく折り合いをつけていくことができただろう。そして彼の広い度量をもってすれば、不平を募らせていた旧士族たちもうまくなだめることができ、西南戦争も避けられたのではないか。そんな意見もなくはないけれど、西郷隆盛はどこまでも高潔だった。

政治家や役人が国民の手本にならないでどうする。でなければ、戊辰戦争

西南戦争　1877（明治10）年に西郷隆盛を中心として起こった鹿児島士族の反乱。政府内の対立により下野した西郷は帰郷して私学校を興したが、その生徒が西郷を擁して挙兵、熊本鎮台を包囲したが、政府軍に鎮圧され、西郷らの指導者は多く自刃した。明治初年の士族反乱のうち最大で最後のもの。以後の反政府運動の中心は自由民権運動に移る。西南の役ともいう。

戊辰戦争　1868年1月の鳥羽・伏見の戦から翌年の1869年の五稜郭における戦いまでの、旧幕府佐幕派諸藩軍と朝廷側の新政府倒幕軍との内戦。

で死んでいった者たちに顔向けができないではないか。そう言って嘆いたという。そんな思いが、この一節には込められているようだ。

五．子孫に美田を残してはならない

あるとき、南洲翁はこんな七言絶句を読まれた。

何度も、何度も、辛い思いや、苦しい出来事にあった人は、
そのぶん志も、しっかりと固まってゆく
ひとたびそんな固い志を抱いたあかつきには
たとえ玉となって砕け散ろうともかまわない
あたかも、無傷なだけでつまらない
敷き瓦のように保身をはかり
ただ生きながらえようとすることこそ恥ずべきだ
私には、我が家に残しておきたい家訓がある
けれども人はそのことに思い至っているだろうか
それは、子孫のために美しい田んぼを買わないということ

すなわち、財産を残さないということだ

もしもこの言葉に反するようならば、西郷という人物は言っていることと振る舞いとが反対ではないかと見限ってくれてかまわない。南洲翁はそう言われた。

（原文）五　或る時「幾歴辛酸志始堅。丈夫玉砕愧甎全。一家遺事人知否。不為児孫買美田。」との七絶を示されて、若し此の言に違ひなば、西郷は言行反したるとて見限られよと申されける。

言葉の背景

「偶成」というこの漢詩のタイトルは、「ふと心に浮かんだ思い」という意味だ。西郷隆盛は「偶成」と題して、いくつかの漢詩を残しているが、とりわけこの詩は有名な一句になっている。それは「美田を子孫に残さない」という一節があるからだろう。明治維新で活躍した仲間たちの中に、子孫に財産を残そうと見苦しい振る舞いをした者がたくさんいたと思われる。

西郷隆盛は幕末、死に損なったり、島送りに遭ったりといった艱難辛苦を乗り越えて、そのたびに信念を揺るぎないものに鍛え上げていった。

この七言絶句を詠んだ明治四（1871）年、西郷隆盛はようやく重い腰を上げて鹿児島から東京へと向かった。そして参議に任命されたとき、それまでことあるごとに批判してきた政府の役人のようにはならないぞという決意を込めた作品だといわれている。

六．長所を活かす人材の用い方を

人材を採用するときは、よほど考慮したい。たとえば、世の中には君子と呼ばれるほどの教養があり、才能に溢れる人物が必ずいる。一方、いわゆる小人、つまりありきたりの凡人もいるものだ。この区別を厳しくしすぎて、なにかにつけて優れた人物だけを採用し、凡人を退けるなら、かえって問題を引き起こしてしまいかねない。

なぜなら、この世が始まってこのかた、世の中では十人のうち七、八人までは凡人だからである。凡人といえども、どこかしら長所があるはずだから、それを活かせるような役割につけるべきだ。それぞれが持っている優れたところを取り入れ、才能や特技をじゅうぶんに発揮させることが大事なのである。

藤田東湖先生は、このようにおっしゃったことがある。

藤田東湖　1806〜1855年　江戸末期幕末の儒学者、水戸藩士で強烈な尊王論者。

「小人であるほど細かな特技を持っていたり、一芸に秀でていたりするものだ。それを仕事に利用すれば、これほど便利なことはない。だからそれぞれの器量に応じて、この小才を生かすべきだ。
しかし、そうだからといって小人を上に立つ者に担ぎ上げるのはよくない。彼らを重要な職務に就かせると、組織や国までも滅ぼしかねない振る舞いをするからだ。だから決して上に引き立ててはいけないのである」

（原文）六　人材を採用するに、君子小人の弁酷に過ぐる時は却て害を引き起すもの也。其の故は、開闢以来世上一般十に七八は小人なれば、能く小人の情を察し、其の長所を取り之れを小職に用ゐ、其の材芸を尽さしむる也。東湖先生申されしは「小人程才芸有りて用便なれば、用ゐざればならぬもの也。去りとて長官に居ゑ重職を授くれば、必ず邦家を覆すものゆゑ、決して上には立てられぬものぞ」と也。

言葉の背景

原文に出てくる「君子」も「小人」も、論語からの用語だ。前者は教養や思慮が深く、物事を大局から判断できる人。後者は、文字通り器の小さい人物と言えるだろう。

おもしろいことに、小人にもちゃんとそれなりに役どころがあって、ぴったりはまれば、なかなかよい仕事をすると語っている。

藤田東湖は、尊王攘夷を提唱した水戸学を代表する学者だ。西郷隆盛は安政元年、薩摩藩主、島津斉彬のお供で江戸に行った際に藤田東湖にも会っている。西郷にとって、藤田はかねてから憧れの人物だったようだ。そのときの面会の様子を書き記し、藤田にもらった署名もしたためて、国もとに送ったというエピソードがある。

論語　四書（『大学』『中庸』『論語』『孟子』）の一つで、孔子の言行や弟子たちとの問答などを収録した書。

七．策略で切り抜けようとしても失敗する

どんなに大きなことであろうとも、また小さなことであろうとも、道理にかなった正しい道を選び、真心を尽くすこと。決してその場しのぎで、人を欺くようなやり方を用いてはいけない。

ほとんどの人は、ひとたび行き詰まると、どんな策略だろうがおかまいなしに使おうとする。ともかくそこさえ乗り切れば、その先はうまくことが運ぶと考えがちなのである。だが、策略を用いたせいで、あとあと必ず困ったことになり、結局は失敗するのがオチだ。

正しい道を歩もうとすると、なんとも回り道をしているように見えるかもしれない。けれども先々ではかえって早くことを成し遂げることができるもの。急がば回れということなのである。

（原文）七　事大小と無く、正道を踏み至誠を推し、一事の詐謀を用う可からず。人多くは事の指支《さしつか》ふる時に臨み、作略を用て一旦其の指支を通せば、跡は時宜次第工夫の出来る様に思へども、作略の煩ひ屹度《きっと》生じ、事必ず敗るるものぞ。正道を以て之れを行へば、目前には迂遠なる様なれども、先きに行けば成功は早きもの也。

言葉の背景

原文に出てくる「作略」とは、自分の目的を達成するために相手をおとしいれるはかりごとという意味だ。西郷隆盛自身は、こうした陰謀や作略とは無縁の生涯を送った。

下級武士の家に生まれ、藩主の目にとまった理由はほかでもない。どんなときも、この真心を尽くし通したからだろう。十八歳で藩に出仕し、二八歳のとき、島津斉彬に「農政に関する上書」を提出した。その内容は、一介の役人にしてみれば相当に勇気がいる事実が書かれていた。

薩摩藩が先ごろ検地を行った際、はじめの取り決めでは、帳簿よりも田畑

島津斉彬
1809〜1858年
江戸末期の薩摩藩主。1851年に異母弟久光をおさえて藩主となり、殖産興業や洋式兵備の充実を図り、啓蒙君主としてのめざましい治績を残したが、コレラにかかり急死したとされる。

が増えたぶんは村のものにしてよいということで領民に協力させた。けれどもその増分は、そっくり藩のものにし、年貢を上乗せして取り立てるようになった。当然ながら農民は離反し、田畑は荒れ放題になったという。

原文にある「作略の煩ひ」とはこのことだろう。そして西郷隆盛は、清廉潔白な役人を農村に差し向けて、民心をもう一度得るようしなければならないと直言した。

もっとも、その不器用なまでの実直さが、後に島津久光から疎まれることになり、さまざまな不遇を経験した。ただ、何度も窮地から生還できたのもまた、そのまっすぐな性格のおかげだった。

島津久光
1817〜1887年
幕末の薩摩鹿児島藩主島津斉彬の異母弟で、斉彬を継いだ忠義の実父。藩主となった忠義の後見役〈国父〉として藩政の実権を握った。

八．猿真似は国を滅ぼす

新しく国造りを始めるにあたって、広く欧米各国の制度を取り入れて文明開化を推し進めようとするならば、それよりも前にやるべきことがある。まずこの日本という国とは何か、その特質をよくわきまえること。そして道徳によって日本の良いところを、より強靭にすることだ。そのうえで、あせらずに諸外国の長所を取り入れていくようにしたい。

そうではなく、むやみに外国の真似をするならば、日本の国としてのあり方そのものが損なわれ、国力は衰退してしまうだろう。そればかりか、日本の美点である道徳も廃れ、救いようがない状態となるにちがいない。

そして結果的には、アジアの諸国がそうなったように、国家の独立を保つことができず、西欧列強の支配に甘んじることになるだろう。

（原文）八　広く各国の制度を採り開明に進まんとならば、先づ我が国の本体を居《す》ゑ風教を張り、然して後徐《しず》かに彼の長所を斟酌するものぞ。否《しか》らずして猥りに彼れに倣ひなば、国体は衰頽し、風教は萎靡《いび》して匡救《きょうきゅう》す可からず、終に彼の制を受くるに至らんとす。

言葉の背景

西欧の文化や技術を導入することには、西郷隆盛は基本的に賛成の立場だった。けれどもその前提として、日本がどんな国になろうとしているのかをはっきりすべきだと再三、語っている。

薩摩藩は琉球貿易を通じて、アジアの国々がヨーロッパの列強に屈していった様子をつぶさに把握していたという。なんの定見もなく、西洋の文明を取り入れていけば、欧米列強に支配されてしまう。そんな危機感を、西郷隆盛は誰よりも強く持っていた。

ところで西郷隆盛は、藩命で台湾に滞在していたこともあるという。欧米列強と清国の動向を探れという島津斉彬の密命を受け、嘉永四年（185

琉球貿易
14～16世紀にかけて琉球（沖縄）が中国、日本、朝鮮、東南アジア諸国との間に行った対外貿易の通称。15世紀初めに琉球が島津氏を通じて日本に入貢して以来、数年ごとに来航し、明・朝鮮・日本の仲介貿易を営んだ。

1）ごろ、台湾の宜蘭の漁村に半年ほど滞在したらしい。そのことを記した公式文書は今のところ見つかっていないが、地元鹿児島では多くの人が信じている。これも西郷隆盛のカリスマ性がもたらしたロマンのひとつということだろう。

島津斉彬は死の直前、側近に命じて手文庫に保管していた書類をすべて焼却処分させた。当時はまだ鎖国の時代だったから、海外との貿易も、情報収集のために人を送り込むことも国禁を犯したことになったからかもしれない。

明治時代になってからも、西郷家と台湾との奇縁は続く。長男菊次郎は、西郷隆盛が奄美大島に流された際に結婚した愛加那との間に生まれた。菊次郎はのち、外務省に勤務し、明治二八（1895）年に台湾に赴任。三〇年には初代の宜蘭県知事に就任し、足かけ五年半ほどこの地で暮らした。

菊次郎

1861〜1928年　西郷隆盛が奄美大島に配流中に島民愛加那との間に生まれた。鹿児島の英語学校で学び、2年間米国に留学。17歳の時に父・隆盛に伴い西南戦争に従軍し、片足を失った。その後、外務省に入省し、米国、台湾（宜蘭支庁長）などで長く勤務し、京都市長に就任した。

愛加那

1837〜1902年　薩摩奄美大島竜郷の龍佐栄志の娘。安政6年、島に流された西郷隆盛と結ばれ2児を生む。長男菊次郎は京都市長となり、長女菊子は大山巌の弟誠之助と結婚した。

九．不変の価値はすべての人類に当てはまる

国や君主によく仕え、親を大切にすること。人を思いやり、慈しむこと。こうした徳を教え、よい方向へ国民を導くことこそ、政治の根本である。

これはいつの世でも、世界中どこであっても必要とされ、変わることのない道である。この道は人間が意図して生み出したものではない。それは天地自然のもの、あるがままのものだ。だから日本だろうが西洋だろうが、決して区別はないのである。

（原文）九　忠孝仁愛教化の道は政事の大本にして、万世に亘り宇宙に弥《わた》り易《か》ふ可からざるの要道也。道は天地自然の物なれば、西洋と雖も決して別無し。

言葉の背景

原文に登場する「忠孝仁愛」は、儒教では最高の徳目とされ、江戸時代までの日本人の行動規範を形作っていた。君子や国に忠実に仕えること。親孝行すること。あらゆるものを慈しむこと。そして人に情けをかけること、という意味だ。

西郷隆盛に影響を与えた人物といえば、島津斉彬をはじめ、藤田東湖など何人もいるが、身近なところで忘れてならないのが母親、満佐だろう。「西郷家万留」という記録集によれば、満佐を知る人なら誰もが「家老職に就いても立派にやりとげたことだろう」と語ったと記されている。

満佐は、夫の吉兵衛との間に、隆盛をはじめ七人の子どもを授かった。内職で着物を縫ったり、野菜を栽培したりして満佐は大所帯の暮らしの足しにした。それでも、すさまじい貧乏だったけれど、いつも明るく家族に接していた満佐は、隆盛たちによくこう言っていたという。

「恥ずかしいのは貧しいことではありません。恥ずかしいのは貧しさに負

吉兵衛
薩摩国鹿児島城下の下加治屋町に居を構えた薩摩の下級藩士。隆盛はもともと父吉兵衛の名。

けることです」

やがて「敬天愛人」という言葉に結実する西郷隆盛の考えかたには、この母満佐の生き方が投影されていたのだろう。

十．右へならえ、の愚かさ

人間の知恵や知識を高め、技術や思想を発展させること。すなわち、人材を育成することの目的とは、とりもなおさず国を愛し、忠孝の心を育むことにある。国のために尽くし、一家のために働くという、人としての道理が明らかになっていれば、どんな事業も着実に進歩していくに違いない。

耳で聞いたり、目で見たりする手段を開発するのは悪いことではない。けれどもそれを手っ取り早く実現できると言って、電信を敷設したり、鉄道を敷いたりする、蒸気機関車を建造する。それは確かに人びとの注目を集めはするだろう。だが、問題は、どうして電信や鉄道が必要なのか。なぜ、それらが世の中に欠くことのできないものなのか。その本質を突き詰めたうえで行っていかないとしたら、これはよくない。

やたらと外国の物質的な豊さをうらやむばかりで、そうしたものを取り入れたら日本にとって良いのか、悪いのかという議論をしない。大きなものは家の構造から、小さなものは子どものおもちゃに至るまで、なんでもかんでも外国の真似ばかりする始末だ。
むやみに欧米の文物をありがたがって、身分不相応に贅沢ざんまいをして財産を浪費する者のなんと多いことか。これでは国の力が衰えるばかりか、人びとの心も軽薄に流れ、結局のところ日本は破綻するしかあるまい。

（原文）一〇　人智を開発するとは、愛国忠孝の心を開くなり。国に尽し家に勤むるの道明かならば、百般の事業は従て進歩す可し。或《あるい》は耳目を開発せんとて、電信を懸け、鉄道を敷き、蒸気仕掛けの器械を造立し、人の耳目を聳動《しょうどう》すれども、何故電信鉄道の無くて叶はぬぞ欠くべからざるものぞと云ふ処に目を注がず、猥りに外国の盛大を羨み、利害得失を論ぜず、家屋の構造より玩弄物に至る迄、一一外国を仰ぎ、奢侈の風を長じ、財用を浪費せば、国力疲弊し、人心浮薄に流れ、結局日本身代限りの外有る間敷也。

言葉の背景

東京・横浜間に電信が架設されたのが明治二（1869）年。郵便制度が始まったのが、明治四（1871）年。また、明治五（1872）年には、新橋・横浜間に鉄道が開業した。南洲翁と旧庄内藩士が語り合ったこの時代は、さしずめ情報物流革命の幕開けだった。

この一条で西郷隆盛が警鐘を鳴らしているのは、ただ、西欧の真似ばかりするなということではない。文明開化を経て、否応無しに広がっていく情報や物流によって、人びとの思考パターンや振る舞いが劇的に変わっていくと言うことを予見していたといえる。

西郷隆盛と同時代を生きた福澤諭吉は、明治一二（1879）年、『民情一新』という本を出している。そこには「蒸気船車、電信、印刷、郵便の四者は千八百年代の発明工夫にして、社会の心情を変動するの利器なり」と記している。

とかく時代の流れについていけていない人物というイメージが先行してい

福澤諭吉
1834〜1901年
幕末から明治期の啓蒙思想家・教育者で慶應義塾大学創設者。

る西郷隆盛だが、福澤諭吉が西洋事情をつぶさに知って情勢を分析していたのと同じように、西郷隆盛は時代の流れを正確に見抜いていたと言えるだろう。

二・文明国か野蛮な国かの見極め方

文明とはなんだろうか。それは、道徳に根差した考え方や行動が、広く世の中にゆきわたっていることを称賛する言葉だ。ただ、宮殿が大きくて立派だとか、人びとが美しくあでやかな衣服を身にまとっているとか、そのような見かけの華やかさや壮大さを指すものではない。

人はよく、「文明だ」、「野蛮だ」と口にする。だが、世の中の大部分の人は、何が文明で、何が野蛮なのか、少しもわかっていない。

あるとき、南洲翁は、ある人とこんな議論をしたことがあると、笑いながら言われた。

「西欧は野蛮じゃ」と、私（南洲翁）は言った。するとその人は「文明国だぞ」と反論する。それでも私は「いいや、野蛮じゃ」と畳みかける。その人は、「どうしてそれほどまでに野蛮というのか」と尋ねる。

そこで私はこう答える。

「西洋が本当に文明国なら、発展の途上にある国に対して、慈しみと愛情をもって接するはずだ。そうして、ていねいに説明や説得を試み、相手も納得したうえで文明開化へと導くはずだろう。ところが、現実はその真逆だ。相手が未開で時代に取り残されている国であればあるほど、むごく残忍に振る舞っているではないか。これを野蛮と呼ばなくて、なんだというのだ」

私はそのように言った。そうしたところ、彼は口をつぼめて、何も言えなくなった。

(原文) 一一　文明とは道の普《あまね》く行はるるを賛称せる言にして、宮室の荘厳、衣服の美麗、

外観の浮華を言ふには非ず。世人の唱ふる所、何が文明やら、何が野蛮やら些《ち》とも分らぬぞ。予嘗《かつ》て或人《あるひと》と議論せしこと有り、「西洋は野蛮ぢや」と云ひしかば、「否《い》な文明ぞ」と争ふ。「否な否な野蛮ぢや」と畳みかけしに、「何とて夫《そ》れ程に申すにや」と推せしゆゑ、「実に文明ならば、未開の国に対しなば、慈愛を本とし、懇懇説諭して開明に導く可きに、左は無くして未開蒙昧の国に対する程むごく残忍の事を致し己れを利するは野蛮ぢや」と申せしかば、其の人口を莟《つぼ》めて言無かりきとて笑はれける。

言葉の背景

西欧諸国の影の側面を突いた一条だが、この議論の相手である「ある人」とは誰だったのだろうか。どうやら初代文部大臣を務めた森有礼だった。そんな俗説がある。

森有礼は西郷隆盛と同郷の出身で、二十歳ほど年少だった。若くしてイギリスに留学し、米国滞在を経て外交官を歴任。開明的な考え方の持ち主で、教育の普及にも熱心だった。ただ、アメリカ人ですら、「あなたの欧米礼賛

森有礼
1847〜1889年
明治時代、薩摩鹿児島藩士出身の外交官・政治家。伊藤博文内閣の初代文部大臣として日本近代学校制度の骨格を造った。

は度が過ぎる」と指摘したほどの西洋かぶれだった。

森は武士の佩刀廃止をいち早く唱えたが、まだ時期が早いと大久保利通かららたしなめられたこともある。また、それがきっかけで命をつけねらわれることにもなった。

さらに森有礼は、日本語をやめて英語にすべきだと主張した。西郷隆盛は、郷士の先輩として森有礼に一言伝えたかったのではないか。そう考えるとこの対話はいっそう生き生きとしてはこないだろうか。

二、学びたい刑罰のあり方

西洋の刑法では、もっぱら罪を再び犯さないことを根本の精神としている。だから酷い扱いは極力避けて、人を善良に導くことに主眼を置いている。したがって獄中の罪人に対しても、ひどい拘束をすることはない。教え、戒めとなるような書籍を与える。場合によっては親族や友人の面会も許すということである。

いっぽう、東洋では、もともと聖人と言われる人びとが刑罰を設けた理由として、以下のような点が挙げられる。忠孝や仁愛の心をもって、男やもめ、寡婦、独り者などの身の上をあわれみ、罪を犯すことがないようにという取り計らいがあってのことだった。だが、実際のところ、こんにちの西洋のように配慮が行き届いていたかどうかは、古い書物には見当たらない。

ただ、はっきりと言えるのは、西洋のような刑のありかたこそ文明だと感じることである。

（原文）一二　西洋の刑法は専ら懲戒を主として苛酷を戒め、人を善良に導くに注意深し。故に囚獄中の罪人をも、如何にも緩るやかにして鑑誡となる可き書籍を与へ、事に因りては親族朋友の面会をも許すと聞けり。尤も聖人の刑を設けられしも、忠孝仁愛の心より鰥《かん》寡《か》孤独を愍《あわれ》み、人の罪に陥いるを恤《うれ》ひ給ひしは深けれども、実地手の届きたる今の西洋の如く有りしにや、書籍の上には見え渡らず、実に文明ぢやと感ずる也。

言葉の背景

西郷隆盛が原文で使っている「鰥寡孤独」は、身寄りもなく寂しいさまを指す。これは律令制が敷かれた時代からある言葉で、国が救済の対象とみなした家族構成のこと。いわば福祉や社会事業の対象だった。さらに古くは『孟子』（梁恵王篇下）にも登場する。

『孟子』　前372年頃～前289年頃　中国戦国時代に「性善説」を唱えた思想家の遺した遺説。中国の理想主義的道徳論の基礎を築いた。

「鰥」という漢字は、魚のように丸い目をあけて涙を浮かべている姿を表している。意味は、歳をとって妻のいないやもめ、または妻を亡くした夫を指す。「寡」は、屋根の下に頭だけ大きい子が一人残された姿を示し、五十歳以上の未亡人を指す。「孤」とは十六歳以下の父親のいない子供、「独」は六十一歳以上の子どもがいない者を指した。

ところで西郷隆盛は西洋かぶれに苦言を呈したものの、西洋文明を取り入れるにあたっては、是々非々で臨んだ。この一条で述べているように、西洋の刑法は、人を再チャレンジさせるうえですぐれたシステムだと認識している。実際、西郷は、信頼のおける腹心だった川路利良（初代大警視）をフランスへ派遣し、西洋のすぐれた警察や裁判の制度、刑法などを学ばせた。

川路利良

1834～1879年

明治初期の官吏で薩摩出身。大久保利通の腹心として日本の警察制度の確立に努力し、西南戦争では陸軍少将として警察隊を率いて従軍した。

一三 税のかけかたで人の行動は変わる

税金はなるべく軽くし、国民の暮らしを豊かにすること。それこそが、国力を充実させることにつながる。たとえ、国家としてさまざまな課題を抱え、財政が苦しくなったとしても、政府は決めた制度をきっちり守ること。無闇に税制を変えてはいけない。そんな場合は、政府の高官や裕福な人びとが損をしてでも、一般国民に負担を強いてはならない。

昔から今にいたる事例をよくよく見てみることだ。ものごとの道理が蔑ろにされるような世の中では、財源が足りなくなって頭をかかえることがままある。すると決まって、小賢しい小役人を起用して、人民から有無を言わせず絞り取らせる。しかも、このようなその場しのぎの策しかできない者を、財政に手腕を発揮する立派な官僚として評価したりする。

このたぐいの役人は、国民の事情などお構いなしに、あの手この手で税金を厳しく取り立てる。人びとは苦しみ、日々の暮らしに耐えられなくなる。やがて、この不当きわまりない税の取り立てから逃れようと、それなら、自分たちもとばかり、国民はずる賢く立ち回ろうとする。挙げ句、国民と政府とはお互いに騙し合い、いがみあう始末。こうして国は分裂し、崩壊してしまうわけである。

(原文)一三　租税を薄くして民を裕《ゆたか》にするは、即ち国力を養成する也。故に国家多端にして財用の足らざるを苦むとも、租税の定制を確守し、上を損じて下を虐《しい》たげぬもの也。能く古今の事跡を見よ。道の明かならざる世にして、財用の不足を苦む時は、必ず曲知小《きょくちしょう》慧《けい》の俗吏を用ゐ巧みに聚斂《しゅうれん》して一時の欠乏に給するを、理財に長ぜる良臣となし、手段を以て苛酷に民を虐たげるゆゑ、人民は苦悩に堪へ兼ね、聚斂を逃んと、自然譎詐《けっさ》狡猾《こうかつ》に趣き、上下互に欺き、官民敵讐《てきしゅう》と成り、終に分崩離拆《ぶんぽうりせき》に至るにあらずや。

言葉の背景

この原文にある「曲知小慧の俗吏」を見たとたん、「ははあ、あの男か」と思い浮かぶ皆さんも多いことだろう。「五百万両を踏み倒した男」調所笑左衛門こと、調所広郷のことだ。

西郷隆盛が生まれた文政一〇（1827）年頃、薩摩藩の財政は火の車だった。借金は五百万両にのぼり、これに対して年間の税収は二十五万両。実に二十年分の借金が累積しており、にっちもさっちもいかない状態に陥っていた。

藩主の島津重豪は、ここはもう育ちのよい家老格の人間よりも、下々の事情を知っている者でなければだめだと考えた。というわけで、身の回りにいた茶坊主の調所広郷を奉行に起用し、財政再建を任せた。茶坊主というのは茶道師範として藩主を指南する役だ。調所広郷は商いのことなら商人に、農業のことなら農民にというふうに、それぞれの生業についてじかに教わる勉強家でもあったという。

調所広郷
1776〜1849年
江戸後期の薩摩藩家老。島津重豪、斉興に仕えて藩の財政を再建したが、密貿易が幕府に発覚して自決した

島津重豪
1745〜1833年
江戸後期の薩摩藩主。藩校や医学院の創設など文化事業を推進した。債務解消のため調所広郷を登用して財政改革を図った。

調所の荒療治はすさまじく、五百万両の借金をなんと二百五十年ローンにしてしまった。そして琉球や清との密貿易のしくみを築き、唐物貿易で利益を上げていった。さらに奄美大島などの砂糖を、大阪での取引価格のおよそ四分の一で買い上げて藩の専売とするなどした。こうして巨額の資金調達に成功し、二五〇万両の黒字まで実現した。この蓄えが、のちに薩摩藩が維新を推し進めるうえでの原資になっていったことは間違いない。

ただ、農民の視点に立つ西郷隆盛にしてみれば、彼らがますます過酷な暮らしを強いられることになった税制を肯定できるはずがなかった。調所広郷の評価がいま一つ高くないのは、心情的に西郷隆盛と同じ人が多かったということだろう。

それと調所広郷にとって気の毒だったのは、薩摩藩の財政改革からさらに半世紀ほど前、上杉鷹山による米沢藩の財政改革があり、何かにつけて後世の歴史家が引き合いに出したことだ。米沢藩の場合は負債がおよそ二十万両、年間税収は三万両ちょっとだった。上杉鷹山は、半世紀をかけて律儀にきれいさっぱり負債をなくし、実質的な石高もアップさせている。

さて、調所広郷は改革を首尾よく成功させるものの、のち幕府老中の阿部

上杉鷹山
1751〜1822年
江戸中〜後期の大名。米沢藩主。名は勝興・治憲で鷹山は号。藩政の改革に努め、質素倹約を率先励行した。財政改革、殖産興業、新田開発を行い、米沢藩の藩政を立て直した。また藩校興譲館を設立して、人材育成にも力を注いだ

阿部正弘
1819〜1857年
江戸末期の老中。備後福山藩主。幕末開国のときの老中首座として和親条約を締結した。

正弘に召喚され、密貿易を厳しく咎められた。調所はその後間もなく江戸の薩摩藩邸で急死。死因は服毒自殺だったといわれる。藩の財政立て直しにともなう責任を一身に背負い、汚れ役に徹した調所広郷の最後は潔かった。

一四．会計の原則を破ると国が滅ぶ

お金の出し入れは、すべての制度の基本だ。あらゆる事業がこれによって成り立っているのである。つまり会計出納は、国家を運営していくうえで要となるものだ。よくよく心して取り組まなければならない。

その肝心な部分は、とても明解だ。それは、どれだけの歳入があるかをしっかりと把握し、その範囲内で歳出を図らなくてはいけないということ。これがすべてであって、それ以外はない。

だから、年間の収入にみあうよう事業を計画し、予算を管理しなければならない。会計の総責任者は、身を挺してこの制度を守り抜くこと。いかなる状況になろうと、最初に定めた予算を超えないようやりくりしなければならないのである。

そのときどきの事情に押し切られ、安易に予算の枠を緩めるのは、絶対に避けなければいけない。あるいは、最初に支出ありきで、これを優先して予算を組んでしまうと、どうなるか。結局は、国民から重税を絞り取るしか、方法はなくなるのは目に見えている。
こんなことをすると、たとえ一時的に事業は進展しているように見えても、国力はじわじわと疲弊していく。そうして、気がつけばもう救いようのない状態に陥ってしまうことだろう。

（原文）一四　会計出納は制度の由《よっ》て立つ所ろ、百般の事業皆是れより生じ、経綸《けいりん》中の枢要《すうよう》なれば、慎まずはならぬ也。其の大体を申さば、入るを量りて出るを制するの外更に他の術数無し。一歳の入るを以て百般の制限を定め、会計を総理する者身を以て制を守り、定制を超過せしむ可からず。否《しか》らずして時勢に制せられ、制限を慢《みだり》にし、出るを見て入るを計りなば、民の膏血《こうけつ》を絞るの外有る間敷《まじき》也。然らば仮令《たとい》事業は一旦進歩する如く見ゆるとも、国力疲弊して済救す可からず。

言葉の背景

松本清張のデビュー作に『西郷札』という短編がある。西南戦争の戦費を賄うために、西郷軍が発行した紙幣にまつわるストーリーだ。敗戦と共に紙くず同様となった西郷札は、子どものおもちゃになったという。ここまでは史実だが、作品では、政府がこの西郷軍の紙幣を買い上げるというインサイダー情報を得た主人公のお話である。

当時の日本政府は、この西南戦争の戦費を捻出しようとお札をじゃんじゃん刷ってインフレを起こした。そこで大隈重信の後を受けた大蔵卿の松方正義は、徹底した緊縮財政を取った。その結果、物価は下がったけれど、米や農作物の価格も暴落し、たくさんの農家が土地を手放す羽目になった。いわゆる松方デフレといわれる出来事だ。この時期から一部の資本家と、都市部の労働者階級とに分かれていったともいわれている。

松方デフレの期間、政府は不換紙幣の回収や整理に着手した。お札を一元的に管理することによって通貨価値の安定を図るべきだという方針を取った

松本清張
1909～1992年
昭和後期から平成時代の小説家。犯罪の背後にある社会の暗部に注目する社会派推理小説という新分野を開拓したほか、昭和史や古代史の謎に挑んだ。

大隈重信
1838～1922年
明治の佐賀藩士出身政治家。立憲改進党を創立し、総理となって自由民権運動の一翼を担った。早稲田大学創設者。

大蔵卿
明治初年の官制で、大蔵省の長官の称。

のだ。その成果として、日本銀行が生まれ、日本銀行券が誕生した。西郷隆盛が間接的に日本銀行の創設に一役買っていたと言われるのは、こんな理由からだそうだ。

松方正義
　1835〜1924年鹿児島生まれの政治家。1881年に大蔵卿となり、紙幣整理などのデフレ政策を実施。蔵相・首相を歴任し、日本銀行創設、金本位制度の実施など、財政制度の確立に寄与した。

日本銀行
　1882年に設立された日本の中央銀行。発券銀行、銀行の銀行、政府の銀行などの機能をもつとともに、3つの機能を通じて金融政策の運営にあたっている。

一五．予算に見合った軍備を

常備しておく兵隊の数も、やはり財政的に許される範囲内で整えなければならない。虚勢を張ってむやみやたらと兵力を増強するなど、愚策にすぎない。

それよりも大事なことは、兵士たちの心を奮い立たせ、精鋭揃いの軍隊を作り上げることだ。そうすれば、たとえ兵の数が少なくとも、外国との折衝では堂々としていられるだろう。万が一、外敵が侵略してきたとしても、あなどられることは決してないのだ。

（原文）一五　常備の兵数も、亦会計の制限に由る、決して無根の虚勢を張る可からず。兵気を鼓舞して精兵を仕立てなば、兵数は寡《すくな》くとも、折衝禦侮《ぎょぶ》共に事欠く間敷也。

渋沢栄一
1840〜1931年
明治・大正時代の実業家。一橋家に仕えて幕臣となり、パリ万国博覧会に渡欧。維新後は大蔵省官吏を経て第一国立銀行をはじめ、500社以上の会社設立に参画し、日本実業界の指導的役割を果たした。

山縣有朋
1838〜1922年
長州出身の軍人、政治家。陸軍大将・元帥。松下村塾に学び、明治維新後、ヨーロッパ諸国の軍制を視察し、陸軍創設・徴兵令施行・軍人勅諭の発布など軍制の整備に努めた。

言葉の背景

西郷隆盛は規律ある財政を何よりも重視する人だった。同時代を生きた渋沢栄一も、政治、経済、文化などあらゆる方面にバランスよく発展してこそ真の文明国になれると語っている。財政を健全に守ることが、結果的にはオールラウンドに国力を発展させることにつながるという主張だ。

明治三（1870）年、山縣有朋の構想のもと、徴兵規則が定められ、西郷隆盛もそれを支持した。以来、新政府の新しい軍隊が着々と整備されていった。そして明治維新の次の世代には、新しい軍人リーダーたちが登場していった。日本海海戦でバルチック艦隊を破った秋山真之、義和団の乱における防衛戦で欧米各国からも称賛された柴五郎などだ。

興味深いことに、こうした明治中期以降の傑出した軍人たちには共通点がある。それは彼らの多くが旧徳川派の藩出身者だったことだ。その理由としてしばしば挙げられるのは、西郷隆盛が中央政府を去ったあと藩閥政治の色彩が濃くなり、政官界への道は薩長を中心とする討幕藩出身者で占められて

秋山真之
1868〜1918年 海軍中将。日露戦争で東郷平八郎連合艦隊司令長官の参謀を務め、「天気晴朗なれども波高し」などの戦報の名文で知られる。

義和団の乱
日清戦争後、秘密結社の義和団が生活に苦しむ農民を集めて起こした排外運動。

柴五郎
1859〜1945年 明治・大正時代の陸軍軍人。日清戦争には大本営参謀となった。

いたことだ。

そのため、旧徳川方の藩出身で有意な人物たちは、実力本位の世界だった軍人や学者の道をめざしたといわれる。ちなみに、秋山真之は松山藩出身、柴五郎は会津藩出身だった。

だいぶのちのことになるが、藩閥を打ち破って政治の世界に新風を吹き込んだのは、日本に本格的な政党政治を打ち立てた平民宰相、原敬だった。原は戊辰戦争の際に新政府軍に対抗した東北列藩同盟の南部藩出身で、大正7(1918)年に第十九代総理大臣となった。

原敬
1856～1921年 岩手生まれの政治家。立憲政友会創立に参画し、逓相・内相を歴任後、総裁に就任。平民宰相として初の政党内閣を組織した。東京駅頭で刺殺された。

一六．上に立つ者が心がけること

節度を守り、道義を重んじ、そして恥を知る心を忘れてはならない。そうした姿勢を保てないようでは、国家を維持することは決してできない。これはわが国や東洋はもちろんのこと、西洋の国々でもみんな同じである。

上に立つ者が下の者に対して、自分の利益を争い求めることに終始し、人としての道を忘れるようなことがあれば、世の中はどうなるだろうか。必ず、国民もみんなこれにならい、人びとの心はみんな欲望だけを追い求め始めるだろう。そして日に日に、いやしく、強欲となっていくに違いない。

だからこそ節度を守ったり、道義を重んじたり、あるいは恥を知る心を忘れてはならないのだ。そうしないと、父子や兄弟の間ですら金銭絡みの諍いをやり始め、やがてお互いを敵同士とみなすようになってしまう。このようになったら、もう、どんな手立てを用いたところで、国を維持することなどできはしない。

徳川幕府の時代には、武士が本来持っているべき勇猛な心を忘れさせ、それによって世の中を治めていた。結果的にはそれによって長い間、天下太平がもたらされていたわけである。

けれども、維新によって世の中は大きく変わった。今の時代、かつて戦国時代に活躍した武将や武士よりも、もっと勇猛な心を震い起こすことが求められるのだ。さもなくば、世界のあらゆる国々に堂々と立ち向かうことなどできないからである。

あの欧州では、普仏戦争と呼ばれる戦いがあった。ナポレオン三世が率いる三十万ものフランス軍は、ろくに戦いもせず降伏してしまった。しかも、三カ月分の兵糧まであったというのにだ。じつに面目のない話である。なぜ、そうなったかといえば、フランスの指導者たちがあまりにも計算高く、自分の命や財産を守ることばかりに躍起となっていたからだそうだ。

南洲翁はそう言って、笑われた。

普仏戦争
1870～1871年にドイツ統一をめざすプロイセンと、これを阻もうとするフランスとの間で行われた戦争。

ナポレオン三世
1808～1873年 フランス皇帝。ナポレオン1世の甥。ルイ・ナポレオンと称し、フルネームはシャルル・ルイ・ナポレオン・ボナパルト。

（原文）一六　節義廉恥《れんち》を失ひて、国を維持するの道決して有らず、西洋各国同然なり。上に立つ者下に臨《のぞ》みて利を争ひ義を忘るる時は、下皆之れに倣《なら》ひ、人心忽《たちま》ち財利に趨《はし》り、卑吝《ひりん》の情日日長じ、節義廉恥の志操《しそう》を失ひ、父子兄弟の間も銭財を争ひ、相ひ讐視《しゅうし》するに至る也。此《かく》の如く成り行かば、何を以て国家を維持す可きぞ。徳川氏は将士の猛き心を殺《そ》ぎて世を治めしかども、今は昔時戦国の猛士《もうし》より猶一層猛《たけ》き心を振ひ起さずば、万国対峙《たいじ》は成る間敷也。普仏の戦、仏国三十万の兵三ヶ月糧食《りょうしょく》有て降伏せしは、余り算盤《そろばん》に精《くわ》しき故なりとて笑はれき。

言葉の背景

この一条の原文は、「節義廉恥」という言葉から始まる。これは「正しい道に則り、恥を知る心を持つ」という意味だ。いかにも儒教っぽい古色蒼然とした言い回しのようだが、この一条にリアリティを持たせている理由は、普仏戦争と見事につなげた点だ。
西郷家の蔵書目録には『普仏戦記』があって、おそらく目を通していたことだろう。また一説では、薩摩藩出身の後輩、前田正名がフランス留学中にこの戦争を体験したことを、のちにパリへ出向いた村田新八を介して聞いたともいわれる。
兵力も物資も十分にありながらフランス軍が負けたのは、将兵たちに染み付いた利害や打算によるものだと西郷隆盛は喝破する。「節義廉恥」を忘れた国民は、やがて国家存亡の危機を引き起こす。それは、時代や国境を超えた普遍の真実だという主張だ。

前田正名
1850〜1921年
明治時代の官僚、産業運動指導者。

村田新八
1836〜1877年
薩摩藩士。西郷隆盛に従って国事に奔走し、西南戦争では薩軍の大隊長として活躍したが、城山で西郷と共に戦死した。

一七. 毅然とした態度が良好な外交関係を保つ

私たちは人として正しい道を歩み、道理を貫く生き方をしたいものだ。同じように国家も、打ち出した方針に国を賭け、結果的に国が倒れようとも本望、というくらいの覚悟を持って臨むべきだ。とりわけ外交関係においては、国家としての確固とした信念とを持って相対さなければ、正しい関係性を全うすることはできない。

強大な他国に恐れをなして、すっかり縮こまってしまうのはいけない。そういう姿勢では、ただ、ただ、ことを荒立てないよう、摩擦を避けることに終始する。

そんな弱腰な姿勢に他国からまんまと付け入られ、軽蔑やあなどりを受けることになる。そうなれば、もはや国家間の良好な交際など、すっかり壊れてしまう。いや、しまいには相手国から好き放題に干渉され、支配されることだってありうるだろう。

（原文）一七　正道を踏み国を以て斃《たお》るるの精神無くば、外国交際は全《まった》かる可からず。彼の強大に畏縮し、円滑を主として、曲げて彼の意に順従する時は、軽侮を招き、好親却《かえっ》て破れ、終に彼の制を受るに至らん。

言葉の背景

「正しくあれ、恐れるな」。これが西郷流の政府の運営のしかただった。内村鑑三が書いた『代表的日本人』の西郷隆盛の章にはこう記されている。

「このような意見を述べる西郷は、当時、東京に駐在していた外国大使たちから尊敬を集めた。とりわけ英国大使のハリー・パークス卿ほど、西郷を尊敬していた人物はいなかった」

ゆるぎない信念を持って諸外国に臨み、正義のためなら国家と共に散るくらいの覚悟を決めてこそ、国難は乗り越えられるということを、西郷隆盛は

内村鑑三

1861〜1930年

無教会派キリスト教伝道者・評論家。一高教授のとき、教育勅語に対する敬礼を拒否して免職となる。日露戦争に際し、非戦論を唱えた。

『代表的日本人』

日本と日本人に固有の価値を自らの英語で西欧世界に紹介しようという意図に基づき、日本の精神的伝統のなかに生きた偉人として西郷隆盛、上杉鷹山、二宮尊徳、中江藤樹、日蓮上人の5人を取り上げた内村鑑三の著作。

ハリー・パークス卿

1828〜1885年

英国の外交官で駐日公使として赴任。フランス公使ロッシュと対立して薩長を支援し、明治新政府の外交政策を援助したが、条約改正には反対した。

いくつもの修羅場を踏んで学んでいったのだろう。

一八．いざという時の覚悟が政府にあるか

話題が国家のことに及んだ際、南洲翁はとても嘆いて、こう言われた。

外国から日本が酷い侮辱を受けるようなことがあったら、どう対処すればよいだろうか。それは、もう、はっきりしている。たとえ国が倒れようとも、正しい道を歩むこと。どんなことがあっても、道理を貫き通すことが政府の責務である。

それなのに、今の政府はその任務を全うできそうもない。たとえば普段、金銭に関係したことや農業政策、あるいは財政のやりくりについて議論をする。そんな場面では、「この人はなんという英雄、豪傑だろう」と感心せずにはいられないような人物がいる。だが、血の流れるような事態に臨むと、態度が一転する。

みんなで頭を寄せ集め、こそこそと対応策を協議し始めるのだ。出てき

た案は、ほんの目先の気休めばかり。ともかくことを荒立てず、身の安全さえ確保できればそれでよし。その場しのぎに躍起となるばかりだ。
国家は時には「戦い」から目を背けてはいけない。この一字を極端に恐れるあまり、政府の責務を果たせず、国の名誉を貶めるようなことがあってはならないのだ。それができなければ、政府とは言えず、いっそ「商法支配所」と呼んだほうがぴったりだ。それは、損得勘定だけを専門にこなす役所といったところだろうか。

（原文）一八　談国事に及びし時、慨然《がいぜん》として申されけるは、国の凌辱《りょうじょく》せらるるに当りては、縦令《たとい》国を以て斃《たお》るるとも、正道を践《ふ》み、義を尽すは政府の本務也。然るに平日金穀《きんこく》理財の事を議するを聞けば、如何なる英雄豪傑かと見ゆれども、血の出る事に臨めば、頭を一処に集め、唯目前の苟安《こうあん》を謀《はか》るのみ、戦の一字を恐れ、政府の本務を墜《おと》しなば、商法支配所と申すものにて更に政府には非ざる也。

言葉の背景

原文に記されている「商法支配所」という表現には、「政府は経済的な利潤を追求するだけの存在になっている」という批判が込められている。政府としてもっと大切な役目は、武力をどう管理するかだ。政府とは、戦いを担う唯一の機関でもあるのだという国家のあり方を示している。

もちろん西郷隆盛は、好戦的な立場からこのような発言をしているのではない。「血の出る事」にも、きちんと向き合っていくのが政府の役目だということ。

この発言の背景には、明治六（１８７３）年のいわゆる征韓論があったとされる。西郷隆盛はいきなり派兵することには反対の立場をとっていた。そして、いったんは西郷自らが使節となって朝鮮へ行き、交渉で解決するという方針が閣議で決まっていた。けれども一転して、その決定は覆され、そのことがきっかけで西郷隆盛は政府を離れ、失意のうちに鹿児島に帰った。

この出来事から一般的には征韓論と言われているが、状況を鑑みると、西

征韓論　明治新政府発足後の日本で唱えられた「朝鮮を武力によって開国させよう」という、朝鮮に派兵し征服する、あるいは政治体制の変革を迫ろうという主張のこと。

郷は「遺韓論」と言う立場をとっていたと考えられる。

遺韓論　西郷は朝鮮への出兵(「征韓論」)にはむしろ反対で、まず自らが使者として朝鮮に赴くという立場で主戦派を抑える側に回っていた(「遺韓論」)。

一九．自分は足りないという自覚があるか

自分こそは完全無欠、そう思ってしまうと君主だろうが家来だろうが、昔から、政治を司っても世の中が治ったためしがない。

自分にはまだ足りないところがある、いつもそう自分を戒めてこそ、下々の言葉も虚心坦懐に聞き入れることができるものである。

自分は完全無欠だと思う人間には、だれも味方しない。そんな人間に欠点を忠告してやっても、すぐに怒りだすからだ。

世の中で賢人や君子と呼ばれるような立派な人物は、おごりたかぶっている者にはけっして手をさしのべたりはしないものだ。

（原文）一九　古より君臣共に己れを足れりとする世に、治功《ちこう》の上りたるはあらず。自分を足れりとせざるより、下下の言も聴き入るるもの也。己れを足れりとすれば、人己れの非

を言へば忿《たちま》ち怒るゆゑ、賢人君子は之れを助けぬなり。

言葉の背景

この原文の後半に記されている「己の非を言へば忿ち怒る」というくだりには、前半と打って変わって妙にリアリティが感じられる。「ひょっとして、島津久光のこと?」。そう、連想される方も多いのではないだろうか。

名君とされた島津斉彬にくらべ、異母弟の久光は頑迷でわがままというイメージが強い。西郷隆盛は、その久光に「地ごろ（田舎者）」と言い放ったという逸話がある。それがもとで終生二人の中は険悪になり、西郷が二度も島流しに遭ったのも久光の意向だった。

ところが、実際の島津久光はけっして暗愚ではなかった。薩摩をひとつにまとめ、明治維新の扉を開いた雄藩の立役者だったという研究が近年、進んでいるという。

二〇．政策も制度も活かすのは人

どれだけ制度や方法について議論したところで、それを実際に政策として行う人物がいなければ、実行はおぼつかない。その責任者がしっかりとした見識を備えていて、初めて政策は正しく施行されるのである。だから、いろいろな政策や制度は、それらを運用する適任者があって初めて活きてくる。人こそが第一の宝。自らがその適任者になろうと心がけることこそ、何よりも大事なことなのである。

（原文）二〇　何程制度方法を論ずるとも、其の人に非ざれば行はれ難し。人有りて後ち方法の行はるるものなれば、人は第一の宝にして、己れ其の人に成るの心懸け肝要なり。

言葉の背景

明治維新の前までは、よくも悪くも「お上」が法を作って人民を保護していた。新しい世の中が実現してからは、人民が法律を作って、政府のやることをチェックすることになった。もう武士はいないのだから、自分たちの中から政策や制度をしっかり運用する人を選ばなければならないということだろう。

この一条は、「政府と人民は対等であり、政府のやることに人民は責任がある」と説いた福沢諭吉を彷彿とさせる。

西郷隆盛と福沢諭吉は直接の面識はなかったといわれるけれども、文明や国のあり方に対する考え方には共通点がたくさんあったといわれている。

明治八（１８７５）年に福沢諭吉が『文明論之概略』を出版すると、西郷隆盛は弟子たちにこれを読むよう熱心に進めていたという。

また、福沢諭吉も西南戦争が起こると、西郷隆盛の助命のために奔走した。戦後は「丁丑口論」という論文を発表し、西郷隆盛を擁護した。

『文明論之概略』　１８７５年刊行の福沢諭吉の著書。西洋・日本の文明の特徴を論じ、日本のとるべき道を示した明治初期啓蒙思想の代表作。

二一. あと一歩のところで人はなぜ挫折するのか

人が歩んでゆくべき道とは、天から授かったもの。上には天があり下には地があるように、この道は自然に受け入れることができる道理のような存在だ。

だから学問というものは、この道とはなにかを知るために行うものだといえる。それは「敬天愛人」つまり、天を敬い、人を愛するという境地を目指すことにほかならない。そのためには身を治め、いつも自分自身に克つことに務めたい。自ら意志をしっかりと持ち、衝動や欲望を抑える力を養うことだ。

とはいえ、自分自身に克つのは並大抵のことではない。『論語』には、「私利私欲に走らず、無理強いをしない。ものごとにこだわりすぎず、独りよがりにならない」とある。

おおよそ人というものは、自分に克ってこそ成功を手にすることができる。自分本位にものごとを考えれば、間違いなく失敗してしまう。

よくよく歴史に登場する人物を観察してみればいい。大きな事業に取り組もうとするとき、人はだいたい七割から八割ぐらいまではほぼ達成できるものだ。ところがあと二、三割のところで行き詰まってしまう人が少なくない。

このように、なかなかことを最後まで成し遂げられる人が稀なのには理由がある。誰でも初めのうちは自己本意にならず、ものごとを慎重に進めようとするから、成果も出る。

だが、次第に手柄を立て、名を挙げるようになると、そこから先がいけない。いつのまにか自分自身に囚われて、ものごとを恐れ慎むという心が緩んでくるのだ。それに入れ替わるように、おごりたかぶる気持ちは次第に大きくなっていく。

あげくは、途中まで成し遂げた実績やそれまでの成功体験にすっかり自惚れてしまう。そうすると自分の力をわきまえず、無理にことを運んだり、ずさんな仕事をしたりして、ついには失敗するというわけだ。これはみんな、自らが招いた災いだと言えるだろう。
だからこそ、自分自身に打ち克つ心を持ちたい。他人が見ていないからといって悪いことに手を染めたり、誰も聞いていないからといってよからぬことを口にしたりしてはいけない。どんなときも、自分を戒める精神を持ち、慎しむ心を忘れないようにしたいものだ。

（原文）二一　道は天地自然の道なるゆゑ、講学の道は敬天愛人を目的とし、身を修するに克己《こっき》を以て終始せよ。己れに克《か》つの極功《きょくごう》は「毋意毋必毋固毋我（いなしひつなしこなしがなし）」（『論語』）と云へり。総じて人は己れに克つを以て成り、自ら愛するを以て敗るるぞ。能《よ》く古今の人物を見よ。事業を創起する人其の事大抵十に七八迄は能く成し得れども、残り二つを終り迄成し得る人の希《ま》れなるは、始は能く己れを慎み事をも敬する故、功も立ち名も顕《あら》はるるなり。功立ち名顕はるるに随ひ、いつしか自ら愛する心起り、恐懼《きょうく》戒慎の意弛《ゆる》み、驕矜《きょうきょう》の気漸《ようや》く長じ、其の成し得たる事業を負《たの》み、苟《いやしく》も我が事を仕遂《とげ》んとてまづき仕事に陥いり、終《つい》に敗るるものにて、皆な自ら招く也。故に己れに克ちて、睹《み》ず聞かざる所に戒慎するもの也。

言葉の背景

西郷が生涯大切にしたのが、「敬天愛人」という言葉だ。実はこの文言は、幕末、昌平坂学問所の先生だった中村正直の『敬天愛人説』からの借用とされる。中村は英国の思想家サミュエル・スマイルズが記した『自助論』を、『西国立志編』という邦題で訳し、「天は自ら助けるものを助ける」という有名なフレーズとともに当時のベストセラーとなった。

その中で中村は、儒教は「敬天愛人」の四つに集約されると説いた。この言葉の由来をたどると、中国で儒教とキリスト教とをなじませようという試みの中から生まれてきた言葉だという。

『西国立志編』が出版された慶応年間、すでに漢訳聖書を読んでいた西郷隆盛は、また、別の視点からこの言葉を捉えた。それは、遺訓の第九条でも触れているように、「日本だろうが西洋だろうが、決して区別はない」とい

敬天愛人
天をうやまい、人を愛すること。

昌平坂学問所
江戸幕府直轄の学問所。江戸湯島にあり昌平黌ともいう。

中村正直
1832～1891年
幕末・明治の洋学者・教育家。東大教授。

サミュエル・スマイルズ
1812～1904年
スコットランド生まれのイギリスの著述家。

『自助論』
1859年刊。歴史上の人物三百余人の成功談を説いて近代的人間観を伝え、青年層に大きな影響を与えた。

うもの。「敬天愛人」は、儒教も仏教もキリスト教も包括した、人類普遍の心理として理解していたようである。
それを示すかのように、この遺訓の中で「敬天愛人」が出てくる箇所には、たびたび論語も引用されている。おそらく西郷隆盛は、薩摩の郷中や藩校造士館で学んだ儒教の素養と、西洋の考え方の両方を踏まえて、この言葉を用いていたのだろう。

郷中
薩摩藩の武士階級子弟の教育法で、地域の青少年のグループにおいて年長者が年少者を教育する仕組み。子供同士で意見を言い合うディベートやケーススタディ形式の学習なども採り入れられていた。

藩校造士館
1773年に島津重豪が創設した薩摩藩の藩校。和学・漢学・筆道の三科を課し、武芸の鍛錬も行った。

二二、日頃の心掛けが大切だ

自分に打ち克つには、どうすればよいか。何かが起こって初めて、「さあ、自分に打ち克たなくては」と思っても、そう、やすやすとできるものではない。そのように、場当たり的に対処しようとしても土台、無理なのだ。肝心なことは、日頃から自分に克つことを心がけ、修練を重ね続けなければならない。

そうすれば、ここぞ、という場面で、自分の意志の力によって、欲望や衝動を抑え、正しく振舞うことができるのである。

（原文）二二　己れに克つに、事事物物時に臨みて克つ様にては克ち得られぬなり。兼《かね》て気《き》象《しょう》を以て克ち居れよと也。

言葉の背景

「克つ」という言葉が短い文章の中に四回も登場する。いざという時に備えておく姿勢を「克己」といい、西郷隆盛がとりわけ大事にした心構えだ。私利私欲を克服すると言い換えることもできるだろう。

この明解な言い回しは、あるものを連想させるかもしれない。薩摩藩には「日新公のいろは歌」というものがある。これは薩摩藩中興の祖といわれた島津忠良が詠んだ歌だ。仏教、儒教の精神を折り込んだ日常の行動指針とされ、郷中と呼ばれる師弟教育の場で誰もがそらんじていた。たとえばこの遺訓の一条とよく似たものに、こういう一首がある。

【た】「種となる心の水にまかせずば　道より外に名もながれまじ（世の中で私利私欲のままに振る舞えば、人としての道からはずれて悪評も立つ。この悪の種を取り去って、正しい道を歩んでいこう）」

日新公のいろは歌　薩摩藩の「郷中教育」の基本精神であり、近世薩摩藩士必須の教養とされたといわれる47首の歌。

島津忠良　1492〜1568年戦国時代薩摩の武将。号は梅岳、法名は愚谷軒日新。

また、平成二七（２０１５）年に放映されたＮＨＫ連続テレビ小説「あさが来た」では、大久保利通が同じ薩摩の五代友厚を相手に、こんな一首を口ずさむシーンもある。

【よ】「善し悪しき、人の上にて身をみがけ（自分の行いを客観視するのは難しいが、他人の善し悪しならよく目につくものだ。だから友人をよく見て、良い点は見習い、悪い点は反省しなさい）」

「あさが来た」　大同生命を創業し、日本女子大学校（現・日本女子大学）の創設にも貢献した明治時代の女性実業家、広岡浅子をモデルとする２０１５年度後期放映の連続テレビドラマ。

五代友厚　１８３６〜１８８５年　幕末・明治初期の薩摩藩出身の政治家、実業家。欧州を視察し、維新後、新政府参与。のちに政商として大阪株式取引所・大阪商法会議所などを設立し、関西実業界の基礎を築いた。

二三、私たちが手本にすべき人物とは

学問を志す者は、初めから学びの分野を絞り込みすぎないほうがよい。できるだけ広く学ぼうという心がけが大切だ。

そうかといって、では広く学ぼうと、単に知識を吸収することばかりに偏ってしまうのはいけない。どうしても身を修めることがおろそかになりがちだからだ。だから、どんな時も自分に打ち克ち、自分自身を律することができるよう、修養を重ねることも大事である。広く学びながら、自分自身も律する、この両立に努めるようにしたいものだ。

そして真の男だったら、どんな人も許し、受け入れられるくらいの度量と寛容さを自分の心に持つべきだ。そして、人に許してもらおう、受け入れてもらおうといった、小さな人物になってはいけないのだ。

このように南洲翁は言われ、昔の人の言葉を書き記して、渡してくだ

さったのである。

「意気込みを大きく抱き、ひとつのことをなそうとする人にとって、もっとも憂えるべきこと。それは、自分自身のことしか考えず、己の利益ばかりを優先しようとする気持ちに他ならない。そういう人間は、けちで卑屈になりさがろうと、それでいいのだと思い込んでしまう。そうならないためにこそ、昔の立派な人びとをお手本にして、自分もまたそうなろうと修行に努めるべきなのだ」

それならば、ここでいう「古人を期する」というところの意味、つまり、「昔の立派な人びとをお手本にする」というのは、具体的に誰のことかと南洲翁に尋ねてみた。そうしたら南洲翁はこう答えられた。

古代中国の時代でもとくに聖人と称えられている堯や舜といった素晴らしい王こそ、よい手本だ。そしてこれらの諸王を称える孔子を先生にする

孔子　前551年頃〜前479年　中国春秋時代の学者・思想家儒教の開祖。

つもりで、勉強に励んでみなさい。

（原文）二一三　学に志す者、規模を宏大にせずばある可からず。去りとて唯ここにのみ偏倚《へんい》すれば、或は身を修するに疎《おろそか》に成り行くゆゑ、終始己れに克ちて身を修する也。規模を宏大にして己れに克ち、男子は人を容れ、人に容れられては済まぬものと思へよと、古語を書て授けらる。

恢宏其志気者。人之患。莫大乎自私自吝。安於卑俗。而不以古人自期。古人を期するの意を請問《せいもん》せしに、堯舜を以て手本とし、孔夫子を教師とせよとぞ。

言葉の背景

堯、舜は、いにしえの中国の聖人とされる。堯は舜の徳と才智を見込んで天子の位を譲った。続く舜は、禹のすぐれた徳と力を見込んで天子の位を譲った。身内や子孫ではない者に政権を譲り渡すことを禅譲と言う。

史実では、この堯舜は実在した天子ではないけれども、徳によって国家を作り、政治を行った理想の姿とされる。孔子も、堯舜を、トップレベルの聖人として、しばしば引用している。

日本の多くの儒学者と同じように、西郷隆盛もこの堯舜を見習い、また、孔子がこれらの聖人についてどう語っているかを学ぶとよいと述べている。

二四. 自分を愛するように他者を愛そう

人が歩むべき正しい道は、人が作為を持って作り出したものではない。それは天下から授かった道理であり、自然に受け入れることができるものである。だから人はこの道理に則って歩んでいかなければならない。そのためにはまず、天を敬う心を、生きるうえでの指針とすべきだろう。

天は他人も自分も区別することなく、公平に愛してくださる。だからそれと同じように、私たちは自分を愛する心を持って他人を愛さなくてはならない。

(原文)二四　道は天地自然の物にして、人は之れを行ふものなれば、天を敬するを目的とす。天は人も我も同一に愛し給ふゆゑ、我を愛する心を以て人を愛する也。

言葉の背景

再び「敬天愛人」について語っている一条だ。ものごとを成し遂げる際、天の道理に則って、他者を愛する気持ちが大切だと説く。

吉田松陰の『講孟余話』に、こういう一節がある。

「実のところ、仁義に則るほど利益を招くものはない。また、利益を優先するほど不利なものはないのである。（「告子・下・四章」）

実利やかけひきを追い求めようとすると失敗する。そうではなくて王道、つまりまっとうな道に則って、相手に愛情で応えようと行動すること。それが結果的には実利的な成功をもたらしてくれる。吉田松陰は孟子の教えをこのように紐解いている。

表現は違うけれど、どちらも同じ真理を述べているようだ。

吉田松陰
1830〜1859年 長州藩士で幕末の思想家・尊王論者。名は矩方、通称は寅次郎。兵学を学び、長崎・江戸に遊学、佐久間象山に師事した。ペリー再来の時、密航を企てて、下獄。のち萩の自邸内に松下村塾を開き、高杉晋作・久坂玄瑞・伊藤博文ら維新の指導者を育成したが、安政の大獄に連座し、刑死した。

『講孟余話』
江戸時代末期に吉田松陰が『孟子』に関する注釈と見解をまとめた書物。

二五. 天を相手にするつもりで誠を尽くす

人を相手にするのではなく、天を相手にするようにしたい。ちっぽけな人間の世界にこだわらず、広大無辺の天と向き合うつもりになるのだ。そして天を相手にして、自分自身がなしうる精一杯の真心を尽くそう。また、人の非をとがめたりするものではない。それでもなお、思うようにものごとがはかどらないときは、自分の真心が足りないことを反省しよう。

（原文）二五　人を相手にせず、天を相手にせよ。天を相手にして、己れを尽て人を咎めず、我が誠の足らざるを尋ぬ可し。

言葉の背景

「天」という言葉は、『南洲翁遺訓』の随所に登場する。現代の私たちにとって、ちょっとわかりにくい言葉かもしれない。しかもたびたび出てくるということは、本書を読み解く上でのキーワードともいえそうだ。

すでにふれたように、西郷隆盛は聖書の漢語訳を読んでいた。それならばここで言う「天」とは、キリスト教でいう神のことだろうか。

この問題はたくさんの専門家が議論をしてきたようだが、どうやら遺訓の中で言っている「天」とは、人の存在を超越した存在で、儒教の精神を形作る考え方に由来しているのだという。

人は、それぞれこの「天」の配剤によって動かされている。この変わりゆく時代に、自分が今できることは何か。こうした考え方が、幕末のあの熱い志士たちを生んだという見方もある。

二六．いろいろなことがうまくいかない原因

自分だけを愛し、自分さえよければ他の人びとのことなどどうでもよい。このような考え方は、もっともよくない。それはさまざまな振る舞いに、悪影響を及ぼすからだ。

たとえば修行が続かない、あるいは何一つ目標を達成することができないといったことだ。自分の過ちを悔い改めることができないのもそうだ。さらには、自分の功績を鼻にかけ、おごりたかぶったりするのも、やはり自分を愛し、甘やかすことが原因だ。

けっして自分だけを愛し、甘やかすようなことをしてはならない。

（原文）二六　己れを愛するは善からぬことの第一也。修業の出来ぬも、事の成らぬも、過を改むることの出来ぬも、功に伐《ほこ》り驕謾《きょうまん》の生ずるも、皆自ら愛するが為なれば、決して己

れを愛せぬもの也。

言葉の背景

この原文に記されている「己を愛する」という言葉に似た表現が、遺訓の二四条にも出てくる。「我を愛する心を以て人を愛する也」というくだりだ。しかし、両者はまったく異なっていて、ここでいう己とは、我がまま勝手や私利私欲の塊という意味で用いられている。どんなときも自己規律を課し、生涯、清廉を通した西郷隆盛の人間観を端的に表す一条ではないだろうか。

禅の教えに「自己放下」というものがある。文字通り、我が身を投げ捨てること。身も心もすっかり捨て去り、自己に執着する心を消し去る修行のことだ。

西郷隆盛は十七歳から二十八歳までの前後十年間、友人の大久保利通や吉井友実といっしょに、曹洞宗誓光寺の無三和尚について禅の教えを乞うた。

吉井友実　1828～1891年　薩摩藩士で幕末・明治時代の武士、官僚。

無三和尚　薩摩国久志良村生まれの僧侶。

無三和尚は西郷らが大器であるのを見抜いて、徹底的に痛棒熱喝で接したという。のちの大久保や西郷の活躍ぶりは言うまでもないが、吉井も彼らとともに維新に貢献し、明治政府の要職を務めた。また西南戦争の後は、西郷の名誉回復に力を尽くした。

現在、誓光寺は墓所だけが残っていて、その跡地は公園になっている。一角には、西郷らが禅を組んだという坐禅石が変わらず残っている。

二七．くよくよしても始まらない

過ちを犯したり、失敗したりしたとき、それを認め、改めるにはどうすればよいか。大切なことは、自分自身が「間違った」と気づけば、それでよい。

決して失敗にこだわり続けるのではなく、気持ちを切り替えて、すぐに新しい一歩を踏み出し、前へと進んでいくべきである。

いつまでも犯した過ちを悔やんで、くよくよと思い返してみても、何も良くはならない。それればかりか、あれこれ取り繕おうという気持ちがもたげてくる。

それは、たとえば茶碗を割り、そのかけらを集めてつなぎあわせ、なかったことにしようとするのと同じこと。何の役にも立ちはしないのである。

（原文）二七　過ちを改むるに、自ら過つたとさへ思ひ付かば、夫れにて善し、其の事をば棄て顧みず、直に一歩踏み出す可し。過を悔しく思ひ、取り繕はんとて心配するは、譬へば茶碗を割り、其の欠けを集め合せ見るも同にて、詮もなきこと也。

言葉の背景

失敗したらどうすればよいか。『論語』では、このように孔子が説いた。

「過ちては改むるに憚ること勿れ（学而）」（過ちを犯したことに気づいたら、対面や体裁を取り繕おうとせず、ただちに改めるべきだ）

「過ちて改めざる、是を過ちという（衛霊公）」（過ちを犯したと気づいていながら改めようとしない。これを本当の過ちという）

こうした孔子の教えを、西郷隆盛流に紐解いたのが、この一条だといえる。そのうえで「こだわらず、前へ進め」と語りかける。若いころからたくさんの失敗をしてきた彼だからこそ、突き抜けた境地に彼を到達させたのだろう。

二八．正しい道は誰でも歩める

人として正しい道を歩み、道理に則った生き方は誰でもできる。身分が高いとか低いとか、また、裕福だとか貧乏だとかといったこととは、まったく関係がないのである。

伝説に語られる人を例に挙げてみよう。古代中国の堯や舜は、国王となってあらゆる分野で善政を敷いたことで知られる。けれども、彼らはもともと一介の教育者のような存在だった。

一方、孔子は素晴らしい政治思想家だが、人生の大半を過ごした魯という国からは重用されることはなかった。また、諸国を歴訪してはその教えを広めたけれど、どこの国でも政治家としてはほとんど用いられなかった。

それればかりか孔子は何度も困難な目にあった。結局、彼は身分の低い在野の人としてその生涯を終えた。だが、孔子を慕っていた弟子は三千人もいたと言われている。彼らは孔子の教えに従って、正しい道を歩むことを実践したのだった。

（原文）二八　道を行ふには尊卑貴賤の差別無し。摘んで言へば、堯舜は天下に王として万機の政事を執り給へども、其の職とする所は教師也。孔夫子は魯国を始め、何方へも用ゐられず、屢々困厄に逢ひ、匹夫にて世を終へ給ひしかども、三千の徒皆な道を行ひし也。

言葉の背景

堯・舜は、理想の政治を執り行ったとされる古代中国の伝説上の天子のこと。儒教における礼節を考えるうえで、つねに照らし合わせるべき原点のような存在だ。

孔子が生きた春秋時代になると、たくさんの国が群雄割拠していた。当時の世の中は、農工商の身分にあった人びとが次第に力をつけてきて、堯・舜時代を頂点とする礼による秩序がばらけ始めた時代だったという。

孔子は一時、魯の国で政治顧問として仕えていた。しかし時の指導者と衝突し、官職を投げ打って諸国を遊歴する道を選んだ。仁愛と徳のある生き方を実践する孔子の教えを受けたのは、新しく台頭してきた農工商の、いわゆる小人とされる人びとが中心だった。

たとえば有名な弟子の子路は貧しい生まれで、悪童だった。また子路は商家の生まれだ。そして孔子の後継者とされた顔回もまた貧しい家の出で、陋巷、いわゆるスラム街で慎ましく暮らしていた。

子路　前542〜前480年　中国春秋時代の孔子の門人で十哲の一人。勇を好み、孔子に献身的に師事した。

二九．うまくいく、いかないにこだわらない

人として正しい道を歩み、道理を実践しようとする者に、困難はつきものである。だからどんなに苦しい状況に陥ったとしても、ことがうまくいくかどうかにこだわり過ぎてはならない。場合によって死ぬか生きるかという場面になったとしても、突き詰めるなら、結果はどうなろうとよいのである。

当然のことながら、ものごとを行う際は、うまくできる人もいれば、下手な人もいる。また、うまく行くときもあれば、いかないときもある。とかく人は、そんな出来、不出来にばかり心を奪われがちだ。

けれども、そもそも人が実践しようとしているのは、結果として得られる物や事ではない。人としての道を歩むわけなのだから、そこには上手も下手もない。そして、正しい道を歩むことができないという人もいはしない。

私たちのなすべきことはただ一つ。人として正しい道を歩み、できることを精一杯行うこと。そしてその道のりを楽しむことなのだ。

もし辛いことや難しいことに出くわしたら、ますますその道を実践して、より一層その道のりを楽しむくらいの心を持ちたいものだ。

私も若い時分から、困難という困難に遭ってきた。だから今は、どんなことに出会っても、決して動揺することはない。それだけは本当に幸せだ。

（原文）二九　道を行ふ者は、固より困厄《こんやく》に逢ふものなれば、如何なる艱難の地に立つとも、事の成否身の死生抔《など》に、少しも関係せぬもの也。事には上手下手有り、物には出来る人出来ざる人有るより、自然心を動す人も有れども、人は道を行ふものゆゑ、道を踏むには上手下手も無く、出来ざる人も無し。故に只管《ひたす》ら道を行ひ道を楽み、若し艱難に逢ふて之れを凌がんとならば、弥弥《いよいよ》道を行ひ道を楽む可し。予壮年より艱難と云ふ艱難に罹りしゆゑ、今はどんな事に出会ふとも、動揺は致すまじ、夫れだけは仕合せ也。

言葉の背景

西郷隆盛は三十三歳から三十六歳まで五年近く、三度の島流しに遭っている。最初は幕府から追われる月照をかくまい、結果的に死なせた罪で鹿児島を追われ、奄美大島に三年ほど潜居している。

帰藩が許されたあとも、島津久光の怒りに触れ、さらに遠い徳之島、そして沖永良部島に幽閉される羽目になった。人生のもっとも気力体力がみなぎる時期に激動する社会から遮断され、西郷隆盛は、格子牢の中でひたすら沈思黙考の日々を送った。

この条の最後のくだりにある「予壮年より、艱難と云ふ艱難に罹りしゆゑ」の艱難とは、一連の遠島体験を指しているといわれる。

西郷隆盛がその困難を乗り越えることができたのは、若い頃に学んだ孔子の教えだった。自らが正しい道を歩んでいるのだという自負心があれば、逆境すらも楽しめる。成功や失敗、さらには生死へのこだわりすらも乗り越えられると語っている。

月照 1813～1858年 幕末の尊皇家で京都清水寺成就院の住職。国事に奔走し、安政の大獄を西郷隆盛とともに薩摩に逃れたが、藩にいれられず、西郷と錦江湾に入水し、月照のみが絶命した。

三〇．世の中でいちばん頼りがいある人物とは

命も惜しくはない、名誉もいらない。官位や肩書き、金も欲しくはない。こんな人物ほど、扱いに困るものはない。けれども、このような手に負えない人物でなければ、困難を共にし、国家の命運を分けるような大事業を一緒に成し遂げることはできない。ただ、こういう人物は、なかなか普通の人の目では、見抜くことができないものだ。

そのように南洲翁が言われた。

そこで聞く者が、それは孟子の一説に出てくるような人物のことですかと問うた。その一説とはこうだ。

「天のもとで仁義の道を歩み、天のもとで正しい立ち位置に身を置き、天

のもとで人として正しい道を実践する。もしも、志を見込まれて抜擢されたときは、その国の民といっしょに正しい道を実践し、国のために働く。もしも、志を評価されず政を任されなかったときは、たった独りでも自ら信じる道を実践する。

この振る舞いは、どんなに富で釣ろうとしても動かないし、どんなに身分が高い者にもなびくことはない。反対に、自分がどんなに貧しく、身分が低い境遇に置かれても心がくじけることはない。また、権威や武力で、屈服させようとしても、決してできない」

それを聞いた南洲翁は、こう答えられた。

「いかにもその通り。真に道理を実践し、人として正しく生きる覚悟のある人物でないならば、そのような精神を獲得することはできない」

（原文）三〇　命ちもいらず、名もいらず、官位も金もいらぬ人は、仕抹に困るもの也。此の仕抹に困る人ならでは、艱難を共にして国家の大業は成し得られぬなり。去れども、个《か》様《よう》の人は、凡俗の眼には見得られぬぞと申さるるに付き、孟子に、「天下の広居に居り、天下の正位に立ち、天下の大道を行ふ、志を得れば民と之れに由り、志を得ざれば独り其の道を行ふ、富貴も淫すること能はず、貧賤も移すこと能はず、威武も屈すること能はず」と云ひしは、今仰せられし如きの人物にやと問ひしかば、いかにも其の通り、道に立ちたる人ならでは彼の気象は出ぬ也。

言葉の背景

『南洲翁遺訓』の中で、最もよく知られる一条だ。いったい誰を思い浮かべて「命もいらず、名もいらず、官位も金もいらぬ人」といったのだろうか。よく言われるのは、この清々しい人物像は、山岡鉄舟という武士を念頭に置いていているらしいこと。

幕末に将軍徳川慶喜から戦後処理を任されたのは、勝海舟だった。勝は初

山岡鉄舟
　1836～1888年
江戸末期から明治の剣術家、政治家。通称、鉄太郎。戊辰戦争の際、勝海舟の使者として西郷を説き、西郷・勝の会談を実現させて江戸城の無血開城を導いた。

徳川慶喜
　1837～1913年
江戸幕府15代、最後の征夷大将軍。水戸藩主徳川斉昭の7男。鳥羽・伏見の戦いに敗れて大坂から江戸に帰り、江戸無血開城を行った。晩年は公爵。

勝海舟
　1823～1899年
江戸時代末期の幕臣から明治の政治家。通称麟太郎、安房守。戊辰戦争では、幕府側代表として徳川家存続を条件に西郷と会見し、江戸無血開城に尽力した。

め、官軍の代表である西郷隆盛との交渉に、幕府方として高橋泥舟を抜擢しようとした。しかし、高橋は将軍慶喜の身辺を警護する遊撃隊の隊長を務めていて、江戸から離れることができなかった。そこで白羽の矢が立ったのが、高橋の義弟にあたる山岡鉄舟だった。

慶応四（1868）年、山岡は西郷と会見し、江戸城開城の基本合意を取り付けた。その後、勝海舟が単身で西郷隆盛と交渉し、江戸城の無血開城が成功した。

こうして江戸の町を戦火から救った勝海舟、山岡鉄舟、高橋泥舟の三人を「幕末の三舟」と呼ぶようになった。

もちろん西郷隆盛自身も、自己規律を徹底させ、どんな権力にもなびかず、奸計にも惑わされなかった。草莽崛起を呼びかけた吉田松陰も、またしかり。明治維新という偉業は、命も、名も、官位もいらないたくさんの志士たちによって成し遂げられたといえないだろうか。

高橋泥舟
1835〜1903年
江戸末期の幕臣。慶喜が大政奉還した後は身辺の護衛の任に当たった。

江戸城の無血開城
1868年江戸城が新政府東征軍に無血で明け渡され、江戸幕府が滅んだ。西郷と勝海舟の会見によって武力攻撃は直前に回避され、徳川慶喜の助命と徳川家の存続を条件に開城が行われた。

三一．世評に惑わされないための良書

人として正しい道を歩もうとする者は、世の中の人びとが寄ってたかって悪しざまに言おうとも、決してそれに対して不満を言ったりするものでない。また、たとえ世の中の人びとの誰もが褒め称えたとしても、決してそれに対して満足したり、のぼせあがったりするものではない。

それというのも、周囲の評判など重要なことではないからだ。大切なことは、自分がそれで本当に納得できるかということ。そうした揺るぎない信念を持つことだ。

そのような人物になるためには、唐の時代の韓愈が書いた『伯夷頌』を熟読することを勧めたい。

（原文）三一　道を行ふ者は、天下挙て毀《そし》るも足らざるとせず、天下挙て誉るも足れりとせ

韓愈　768〜824年　唐の詩人、韓退之の別名。

ざるは、自ら信ずるの厚きが故也。其の工夫は、韓文公が伯夷の頌を熟読して会得せよ。

言葉の背景

信じる道をどこまでも歩いていきなさい。そう説く西郷隆盛のおすすめ図書は『伯夷頌』だ。このエピソードのあらましは、以下のとおりだ。

中国の古代、殷の時代のこと。伯夷と叔齊という兄弟がいた。二人は殷王朝に仕えていたが、あえなく国は滅んでしまった。滅ぼしたのは周王朝で、その王から二人に官職のオファーがあった。新しい国家のために、二人の徳と才覚を発揮してほしいというのである。

殷の王は暴君だったのに比べ、周の王は名君と称えられていた。だから、民衆はこの周王が国を治めることを歓迎した。伯夷と叔齊の身近な人びとも、ぜひ仕官してはどうかと進めた。しかし彼らはこう答えた。

「二君に使えることを潔しとしません」

そうして兄弟は山中にこもり、とうとう餓死してしまった。韓愈は、忠義を守って命を落とした二人を褒め称え、武士のモラルを貫いた人物として、彼らの生き方を書き記したという。

　西郷隆盛が実践しようとしていた生き方も、まさにこの兄弟が歩んだ道だったといえるだろう。

三二・独りのときでも慎み深い行動ができるか

人として正しい道を志す者は、偉業を達成して人から褒めそやされたいとは決して思わないものだ。

昔、中国の北宋という国に司馬光という政治家がいた。彼は、たとえ寝室の中で妻と密かに交わした言葉でさえも、人に聞かれて困るようなことは何ひとつないと断言している。

そこから、「独りを慎む」という心得とはどういうものかを推し量ってみるのもよい。すなわち、たった独りのとき、たとえ人が見ていなくても、また、耳をそば立てていなくても、身を慎んで、人としての道理に背くようなことをしないということだ。

ことさらに人をあっと驚かせるようなことをしようとするのは、未熟者のしるし。ほんの刹那、気分よくなりたいと思う気持ちを、くれぐれも戒めてかかるべきなのである。

司馬光　1019〜1086年　中国、北宋の政治家・歴史家。294巻からなる歴史書『資治通鑑』を編纂した。

（原文）三二　道に志す者は、偉業を貴ばぬもの也。司馬温公は閨中《けいちゅう》にて語りし言も、人に対して言ふべからざる事無しと申されたり。独を慎むの学推《おし》て知る可し。人の意表に出て一時の快適を好むは、未熟の事なり、戒む可し。

言葉の背景

原文にある「閨」とは、単に寝室を指すだけでなく、異性との寝所を意味するという。それだけプライベートな空間であり、どんな人も素になる結界のようなものだ。そんな心理的に無防備な状況にあってさえも、司馬光には隠し事がなかったという。「閨」で連想されるのは、西郷隆盛のこんなエピソードだろう。

薩摩藩の中心的な人物として活躍するようになってからのこと。坂本龍馬が西郷隆盛の家に泊ったことがある。そのあばら家のすごさには龍馬も驚い

坂本龍馬
1835〜1867年
江戸末期土佐藩出身の尊攘派志士。海援隊長。江戸に出て北辰一刀流を学んだ後、脱藩して勝海舟に師事して幕府神戸海軍操練所の設立に尽力。のち討幕派を結集し薩長同盟の仲介、大政奉還の成功に一役買ったが、京都で刺客に暗殺された。

たが、ともかく床につこうとする。すると、隣室で西郷と糸子夫人の会話が聞こえてきた。
「我が家は雨漏りがひどくて困っております。屋根の修繕だけはして頂かないと、お客様に面目が立ちません」。すると西郷は笑って、こう答えた。
「今は日本国中が雨漏りをしている。我が家だけではない」
隣部屋でそれを聞いた龍馬は、西郷の無私の精神に感心したと言われている。鹿児島県出水市出身の歴史小説家、海音寺潮五郎をはじめ、司馬遼太郎などが、作品の中で取り上げているシーンだ。

西郷糸子
西郷隆盛の正妻。隆盛は3回目、糸子は再婚だった。イト、いと、以登、糸、絲子と記述されることもある。

海音寺潮五郎
1901~1977年鹿児島生まれの小説家。虚構を排した歴史小説作家の第一人者として史伝文学の復興に貢献した。

司馬遼太郎
1923~1996年大阪生まれの小説家。昭和を代表する人気作家。新聞社勤務中に「梟の城」で直木賞を受賞し、戦国時代や幕末などの変革期に題材をとった歴史小説を数多く執筆した。

三三、つねづね、まさかのときを想定せよ

日頃から、人としての道を実践していない者に限って、大事に直面したときに慌てふためく。何をどうしたらよいかわからず、何の手立ても講ずることができないものだ。

たとえば、近所で火事が起きたとしよう。常日頃、万一の際どうすればよいかについて心がけている人なら、決して動揺しないもの。迅速に、効果的に動くことができるだろう。ところが、心構えができていない者は、おろおろするばかり。ただ、ただ、慌てふためいて、何もできはしない。

それと同じように、ふだんから正しい道を歩むよう心がけている者でなければ、大事に直面したとき、やるべきことを的確に行えないものだ。

先年の戊辰戦争でのこと。私は出陣に際し、兵士たちに向かってこう指示したことがある。

「われわれの備えは十分だろうか、そうではないだろうか。これについて

は、味方の目だけで見てはいけない。敵の側から見て、敵になったつもりで、我が軍をひと突きしてみるとどうなるか。そうすれば我々の弱点がはっきりしてくるし、ここを固めれば最大の防備となるのだ」

（原文）三三　平日道を蹈まざる人は、事に臨みて狼狽し、処分の出来ぬもの也。譬へば近隣に出火有らんに、平生処分有る者は動揺せずして、取仕抹も能く出来るなり。平日処分無き者は、唯狼狽して、なかなか取仕抹どころには之れ無きぞ。夫れも同じにて、平生道を蹈み居る者に非れば、事に臨みて策は出来ぬもの也。予先年出陣の日、兵士に向ひ、我が備への整不整を、唯味方の目を以て見ず、敵の心に成りて一つ衝て見よ、夫れは第一の備ぞと申せしとぞ。

言葉の背景

ここは、有名な「勝てば官軍」になった瞬間について、指揮を取った西郷隆盛自身が回想している一条と読めるだろう。

慶応四（１８６８）年、戊辰戦争の緒戦、鳥羽・伏見の戦いでは、旧幕府軍およそ一万五千。迎え撃つ新政府軍は五千。ざっと三分の一の戦力で、西郷隆盛らは鳥羽・伏見に陣を張り、大阪から京都を目指す幕府軍の前に立ちはだかった。

両軍は談判を始め、「通せ、通さない」の押し問答の末、幕府軍は強行突破を図ろうとする。最初から話し合いでは埒が明かないと見切っていた政府軍は、談判の間に銃砲の装填をすっかり終え、伏兵も敷いて臨戦態勢を整えていた。

そして幕府歩兵隊が数をたのみに平押しをかけると、すぐさま政府軍は銃撃を開始した。幕府軍は壊乱し、総崩れとなっていった。精鋭を揃え、善戦したものの、けっきょく幕府軍は緒戦の劣勢を最後まで挽回できることはなかった。

鳥羽・伏見の戦いで政府軍が優勢と見るやいなや、それまで「徳川家と薩摩・毛利家との私的な戦い」と見ていた公家や一部の藩も、一気に政府軍についた。そして岩倉具視が準備した錦の御旗を掲げた政府軍は、天皇に歯向

岩倉具視
１８２５〜１８８３年
幕末期の公卿・政治家。当初は公武合体に努めたが、のちに討幕運動に参加。維新後右大臣となり、特命全権大使として欧米視察を敢行。帰国後征韓派を退け、内治優先・天皇制確立の政策を遂行した。

錦の御旗
赤い錦地に日月を金銀で刺繍した、官軍のしるしである旗。

かう賊軍である幕府軍を打ち破っていった。

三四．平時に策略を用いていると効かなくなる

普段、とくに変わったことがない日々に、策略を用いたりするものではない。あれこれ小細工やら悪巧みやらをめぐらしてことを起こせば、あとあと思い知る羽目になる。やるものではなかったと、きっと後悔することになるだろう。

もちろん戦争の時だけは、いや、むしろ戦争の時こそ策略の出番だ。もし日常的に策略をめぐらしていたとしたら、いざ戦争という際に、策略がうまく機能しなくなるのである。

軍師として知られる諸葛孔明は、軍略に長けていたことで知られる。だが、彼はけっしてふだんの平和なときには、策略に訴えるようなことはしなかった。だからこそ、ここ一番という場面で、あのように意表を突く策略や戦術が功を奏したのだったと言える。

わたしはかつて新しい首都、東京を引き上げる際、弟の従道にこう、念

諸葛孔明
中国、三国時代の蜀国の丞相で、代表的な忠臣とされる。劉備に三顧の礼を受けて仕えたと伝えられ、天下三分の計を上申、劉備の蜀漢建国を助ける。劉備の死後は、子の劉禅を補佐し、五丈原で魏軍と対陣中に死去した。

を押した。
「私はこれまで、謀など少しもやってこなかった。だから、この東京を引き揚げたあとも、その後は少しも濁ることはあるまい。何一つ後ろ指を指されることはないはずだ。どうか、それだけはしっかりと見届けておいてほしい」

（原文）三四　作略は平日致さぬものぞ。作略を以てやりたる事は、其の跡を見れば善からざること判然にして、必ず悔い有る也。唯戦に臨みて作略無くばあるべからず。併し平日作略を用れば、戦に臨みて作略は出来ぬものぞ。孔明は平日作略を致さぬゆゑ、あの通り奇計を行はれたるぞ。予嘗て東京を引きし時、弟へ向ひ、是迄少しも作略をやりたる事有らぬゆゑ、跡は聊か濁るまじ、夫れ丈《だ》けは見れと申せしとぞ。

言葉の背景

西郷隆盛は長男で、弟の従道との間には四人のきょうだいがいた。だから隆盛と従道とは、歳が十五も離れていた。従道はやんちゃ坊主で知られ、勉強は苦手。けれども不思議とみんなに好かれた。隆盛と従道は、兄弟として仲がいいだけでなく、お互いに心から尊敬し合う仲だった。戊辰戦争でも新政府軍を指揮する兄とともに、従道は苦労を共にした。

あるとき新政府の少将に欠員が出た。諸侯が適任者を選べず頭をかかえていると、西郷隆盛は「弟がよろしいでしょう。これ以上の役は無理でしょうが、少将あたりならちょうどいいかと思います」と従道を推薦した。

こうして従道は、明治三（1870）年、兵部権大丞に任命され、軍政を担うこととなった。そして政界を引退して鹿児島へ帰っていった兄を説得するために帰郷した。

この遺訓の一条は、戊辰戦争が終結したあと、西郷が東京を離れる時の話だろう。確かに、新政府のモラルは高く保たれていて、西郷隆盛は「立つ鳥

西郷従道
1843〜1902年　薩摩出身の軍人・政治家。隆盛の実弟。陸軍の後に海軍大将、海相・内相などを歴任。晩年、元帥となった。

兵部権大丞
かつて日本にあった軍政（国防）を司る行政機関、兵部省の官職名の一つ。

跡を濁さず」の言葉そのままに鹿児島へ帰っていった。けれども西郷が東京を離れて間もなく、官僚の中に贅沢に走るものが増え、出身藩の裏闘争も行われるようになっていった。

後年、福沢諭吉も「西郷隆盛がいたときは、何も問題が起きなかった」と述懐している。

三五．英雄は真心を見抜く

うまい具合に人を言いくるめて、影でこっそり策略をめぐらすような者も、結局は見透かされ、その精神の見苦しさが露呈してしまうものだ。どんなに巧妙にはかりごとをめぐらし、思うように成功させたかに見えたとしても、物事の本質を鋭く見抜ける人にかかったらひとたまりもない。

そう考えるなら、人と相対したとき、どのようにふるまえばよいかもはっきりしてくるだろう。それは、どんなときも真心を持って接することに尽きる。そして公平であること。そういう態度で接しない限り、世の中の本当の英雄とされる人びとの心を掴むことはできないのである。

（原文）三五　人を籠絡して陰に事を謀る者は、好し其の事を成し得るとも、慧眼より之れを見れば、醜状著るしきぞ。人に推すに公平至誠を以てせよ。公平ならざれば英雄の心は

決して攬られぬもの也。

言葉の背景

英雄同士がまみえる場面といえば、やはり西郷隆盛と勝海舟による江戸開城の談判の場面だろう。臨席に際して、幕府方の交渉役だった勝はいくつもの懸案をかかえていた。たとえば将軍徳川慶喜の身柄をどう引き渡すか。あるいは、上野に立てこもっていた彰義隊をどう武装解除するか、など。こうした問題について、新政府としていろんな条件をつけてくるのではないかと、勝は心配していたのである。けれども、西郷隆盛はそんな素振りは一切見せなかったようだ。

「いよいよ談判になると、西郷は、おれ（勝海舟）のいうことをいちいち信用してくれ、その間一点の疑念もはさまなかった。（中略）おれがことに感心したのは、西郷がおれに対して、幕府の重臣たるだけの敬礼を失わず、談判の時にも、始終座を正して手を膝の上に載せ、少しも戦勝の威光でもって、敗軍の将を軽蔑するというような風が見えなかった事だ。」
（『氷川清話』講談社学術文庫より）

こうして、お互いにリスペクトし合う二人は、江戸無血開城を成し遂げた。

三六．書を読むだけなら試合を傍観するのと同じ

歴史を紐解き、いにしえの聖人や賢者の功績を知ることは大切だ。けれども、それをただ書物のうえの知識にとどめておくだけでは、得るものは少ない。

自分もそうした聖人や賢者になろうという高い志が必要だ。それなのに最初から「ああ、自分にはとても真似できない」などと、気弱な心でいてどうしよう。戦いを前にして逃げ出すよりも、もっと卑怯な態度ではないか。

中国の儒学者、朱子はこのように言われた。

「さやから抜いた刀を見た途端、逃げ出す者はどうしようもない。敵に正面から相対し、真剣勝負ができない卑怯者だ」

聖賢になりたいという志もなく書物を開くことも、まさにこれと同じだ。誠心誠意、聖人や賢者の書物を読み、彼らの思いを心と体で感じ取る

朱子
1130〜1200年
中国南宋の儒学者。程顥や程頤の北宋動学を集大成し、朱子学の創始者として宋以降の中国や日本の思想界に圧倒的な影響を及ぼした。

こと。そして、自分もまたそのような熱く、大きな心で行動できるよう、修行の励みとしたいものである。

それなのに、その学びが、聖人や賢者が「こう言われた」とか、「このように振る舞われた」とかいった域を出ず、たんに知識として体得するに終わっている。これでは一体、何の役に立つだろうか。

それに関連し、こんにち、人びとが言うことを聞いていて、私なりに思うところがある。それは、誰もがいかにももっともらしく自説を論じてはいるけれど、実際に行動を起こすところまで心が動かされていないこと。そして、いざ行動する段になると、ちっとも心がこもっていないことだ。ただ知識をもったいつけてひけらかすだけで、口先ばかりの議論ならば、少しも心に響いてこないものだ。

本当に聖人や賢者の精神や行動に感服し、それを手本にしようと決めた人の行動は違う。そのような志ある人を見れば、たとえ雄弁ではなく、また知識に乏しかろうとも、感動を覚えるものなのである。

いにしえの聖人や賢者について記した書物を、うわべだけ読んで知識として蓄えるだけなら、他人が剣術の試合をするのを傍から見ているのと同じだ。結局、まったく自分の身についていないのである。
そうではなくて、自分の体を使って剣を振るってみればよい。そして鍛錬を重ねて、上達していけばよいのだ。それを怠っていると、万が一、「さあ立ち合いましょう」と言われても、逃げ出すよりほか、手立てはないだろう。

（原文）三六　聖賢に成らんと欲する志無く、古人の事跡を見、迚《とて》も企て及ばぬと云ふ様なる心ならば、戦に臨みて逃るより猶ほ卑怯なり。朱子も白刃を見て逃る者はどうもならぬと云はれたり。誠意を以て聖賢の書を読み、其の処分せられたる心を身に体し心に験する修行致さず、唯个様《かよう》の言个様の事と云ふのみを知りたるとも、何の詮無きもの也。予今日人の論を聞くに、何程尤もに論ずるとも、処分に心行き渡らず、唯口舌の上のみならば、少しも感ずる心之れ無し。真に其の処分有る人を見れば、実に感じ入る也。聖賢の書を空く読むのみならば、譬へば人の剣術を傍観するも同じにて、少しも自分に得心出来ず。自

分に得心出来ずば、万一立ち合へと申されし時逃るより外有る間敷也。

言葉の背景

一撃必殺といわれた薩摩示現流と同じように、薩摩の教育もまた徹底して実践的であったといわれる。たとえば西郷隆盛も学んだと言われる藩校、造士館。武士の子弟たちは、この学舎で中国の古典を読み、そのうえでこんどはゼミ形式の議論を戦わせる。決して書物だけの頭でっかちではだめだと教わっていた。

「生き学問をしなければならない」。のちに西郷は語っている。生き学問とは、つねに書物と現実の問題とを引き比べ、今、自分ならどうするかというシミュレーションを実証的に行うことだ。

そこには、幕末の思想家たちを突き動かした陽明学の教えが見られるという。陽明学のスローガンは「知行合一」だ。それは一言でいうなら、行いを知識と一致させること。そして自分の心に本来宿る正しい道に沿って行動せ

薩摩示現流
剣道の一派。薩摩藩医東郷藤兵衛重位が幼少の頃学んだ体捨流と、京都で修業した自顕流をもとに創始した。

ゼミ形式の議論
薩摩藩特有の教育形態である郷中教育の中で用いられた「詮議」という実践的判断力を養った仕組み。

陽明学
元～明代に官学として重んじられた朱子学の主知主義的理想主義的傾向に対して現実主義的批判を加え、主体的実践を重視した中国明代の王陽明およびその学派の新儒教学説。知識を主とした朱子学に対して、知行合一に基づく実践実行を重視した。

よ、というものだ。

また、造士館では、「この人は！」と思える人がいたらどんどん会いに行き、教えを請い、その人の生き方を学べとも教えていた。西郷隆盛が藤田東湖に会いに行ったのも、その教えを実践したということになる。

知行合一　認識と行為、知ることと行なうことは同一のもので、真の認識は必ず実践を伴うものという考え。

三七．時代を超えて人を感動させるもの

世の中で、ずっと後々の世まで心の底から信じることができ、感動を与えることができるただ一つのもの。それは、真心である。

昔から、父の仇討ちをした人は数えきれないほどいる。けれどもその中で、やはり曾我兄弟の仇討ちだけは、今の世になっても女性や子どもまで、知らない人はいないくらい有名だ。その理由は、多くの人にとって、とりわけこの兄弟の厚い真心が感銘を与えるからだろう。

この真心、あるいは誠意がないにもかかわらず世の中の人から褒め称えられる場合があるとすれば、それは偶然の幸運にすぎない。真心が深ければ、たとえその当時は、誰も知る人がいなかったとしても、いつか必ず、世間に知られるようになり、賞賛を呼ぶことだろう。

（原文）三七　天下後世迄も信仰悦服せらるるものは、只是れ一箇の真誠也。古へより父の仇を討ちし人、其の麗《か》ず挙て数へ難き中に、独り曾我の兄弟のみ、今に至りて児童婦女子迄も知らざる者の有らざるは、衆に秀でて、誠の篤き故也。誠ならずして世に誉らるるは、僥倖の誉也。誠篤ければ、縦令当時知る人無くとも、後世必ず知己有るもの也。

言葉の背景

鹿児島市では毎年七月、市内を流れる甲突川で「曾我どんの傘焼き」という行事が行われている。

江戸時代、薩摩藩の郷中教育では、鎌倉時代に相模の国で起こった曾我兄弟が父親の仇を討つ話を、孝心や忠心を学ぶ手本として教えていた。物語では、富士の裾野で兄弟が仇討ちを果たした際に、傘をたいまつ代わりにしたという。そこから和傘を燃やす祭りが開かれ、年中行事として今に伝えられている。

江戸時代、「忠臣蔵」とならんで人気が高く、歌舞伎の演目もたくさん

曾我どんの傘焼き　鹿児島の三大行事の一つで、鎌倉時代に相模国の曽我兄弟が父の仇討ちを遂げる際、傘を焼いて松明がわりにしたという故事にちなんだ伝統行事。

曾我兄弟　鎌倉初期の武士、曾我十郎祐成と五郎時致兄弟をいう。

忠臣蔵　元禄15年12月14日、主君浅野長矩の仇討ちで吉良上野介邸を討ち入った旧赤穂藩義士47人の話。戯曲化され現代にまで息づいている。

あったという「曾我兄弟」。討ち入りそのもののシーンよりも、幼い兄弟が苦労を重ねながら志を果たすまでのプロセスが共感を集めていたといわれる。

仇討ちについては、明治時代以降の啓蒙思想家たちは手厳しく批判している。それは私刑にすぎず、法を犯す行為だ。ただ、儒教的な価値観の中では、親に対する孝行や、主君に対する忠義を実践するものとして、大切な位置付けだった。この一条で西郷隆盛は、至誠はどんな時代にも人に感動を与えると説いている、

三八. 真の機会を捉えるためにやっておくこと

機会を捉えることは、事をなす上で大切である。けれども世間一般の人が言う機会とは、たいてい思いがけない幸運がやってきて、偶然に成功するような好機を指す。

しかし、本当の機会とはそういうものではない。道理にかなう形で準備を重ね、その時の勢いを見極めたうえで行動し、成功を手中に収めるというふうでなければならない。

常日頃から社会の行く末を気にかけ、誠心誠意、私たちの国を良くしたいという思いを抱いていなければ、真の機会は得られない。仮に、その時の勢いに乗って事業で成功を収めることがあったとしても、それは決して長続きするものではない。

（原文）三八　世人の唱ふる機会とは、多くは僥倖の仕当てたるを言ふ。真の機会は、理を尽して行ひ、勢を審かにして動くと云ふに在り。平日国天下を憂ふる誠心厚からずして、只時のはづみに乗じて成し得たる事業は、決して永続せぬものぞ。

言葉の背景

江戸時代中期に活躍した陽明学者の中江藤樹や熊沢蕃山は、「時、所、位」というコンセプトについて考えを進めたことで知られる。これはもともと儒教の考え方にあるもので、その時々には、その時々に応じた「時、所、位」があり、その「時、所、位」にかなう善を行うことがまっとうな道だという意味らしい。

時には思いがけず、ものごとがうまくいく場合もあるし、準備万端で望んでも時の運に弄ばれることもある。けれども、どんな時も誠の心をもってつねにものごとをよく考えておき、時に応じて対応を変えること。そうすれば、満足のいく結果も続いていくだろう。それが西郷隆盛の考える「時、

中江藤樹　1608～1648年　江戸初期の儒学者。日本の陽明学の祖とされる。

熊沢蕃山　1619～1691年　岡山藩に仕え、陽明学を信奉した江戸時代の陽明学者。

所、位」だった。

三九．才能や知識だけではまだ足りない

今の人は、才能や知識さえあれば、どんな事業も思いのままに成功させることができると考えているようだ。しかし、才能を頼んで行う事業は、危なっかしくて見ていられない。

仕事にも人と同じように「体」をなしていることが必須で、そうでなければ成功はおぼつかない。つまり、理念が中心にあって、それをもとになりゆきを展望し、そのうえで計画が練られること。さらには関係するすべての人びとの協力があってこそ、事業はうまく運び、最終的に申し分のない成功を成し遂げることができるのだ。

それから南洲翁は、ある人物を回想された。

肥後藩に長岡監物先生という、尊敬すべき先生がいらっしゃる。先生の

肥後藩
肥後国、熊本に居城を置いた熊本藩の別称。

長岡監物
1813〜1859年江戸時代後期の武士、肥後熊本藩家老。

ように、体をなす仕事を成し遂げようとするひとかどの人物を、近頃はついぞお見受けしなくなってしまった。

こうお嘆きになり、次のような古語をお示しになった。

世の中にあることは、すべて真心がなければ動かすことはできない。また、才覚や見識がなければ治めることはできない。真心に徹すると、そうした動きも速くなる。才覚があらゆる方面に発揮されれば、その治めるところも隅々まで広く行き渡ることができる。才覚と真心とを一つにし、治世を行うとうまくいくのである。

（原文）三九　今の人、才識有れば事業は心次第に成さるるものと思へども、才に任せて為す事は、危くして見て居られぬものぞ。体有りてこそ用は行はるるなり。肥後の長岡先生の如き君子は、今は似たる人をも見ることならぬ様になりたりとて嘆息なされ、古語を書

て授けらる。

夫天下非誠不動。非才不治。誠之至者。其動也速。才之周者。其治也広。才与誠合。然後事可成。

言葉の背景

ことわざに「才余りて識足らず」という。政治家で一流の文化人でもあった中国宋代の蘇軾の言葉だ。才とは才能や才気のことだけれど、物事の本質を読み取る見識とは別物だという意味だそうだ。頭の回転は早いのに、常識に欠けている人に対する戒めだ。また、「才余りて徳足らず」というバージョンもある。両方合わせると、見識や誠があって初めて、才能は開花するという意味になろうか。

原文に登場する長岡堅物は熊本の細川藩家老で、水戸藩の藤田東湖、福井藩の鈴木主税と並んで、幕末の頃には日本三傑といわれるほどの学者だった。西郷隆盛も、長岡堅物を大変尊敬していたという。重職にありながら

蘇軾
1036〜1101年
中国北宋の政治家・文学者。

鈴木主税
1814〜1856年
越前福井藩士。藩主松平慶永の側近として藩政の改革に尽力した。

ちっとも偉ぶるところがなく、まさに、「才、識、徳」をバランスよく兼ね備えた人物だったという。

熊本市内には現在も、堅物台植物園が残っている。ここは長岡堅物がこの地に屋敷を構えて、北の守りを固めたことに由来している。もともとは長岡図書という人物の屋敷だったそうだ。園内の堅物櫓は国の重要文化財に指定されている。

四〇．君子なら悠々と爽快でありたい

南洲翁のお供をし、犬を連れてウサギを追ってみる。山や谷を歩いて、朝から晩まで狩りをする翁に付き従った。一日の終わりには、田舎の家に宿泊し、ゆっくり風呂に入る。そして身も心もすっきり爽やかになったところで、南洲翁は悠々としてこう言われた。

本当の君子の心というものは、いつもこんなふうに満ち足りて、爽快なものだろうと思う。

（原文）四〇　翁に従て犬を駆り兎を追ひ、山谷を跋渉して終日猟り暮し、一田家に投宿し、浴終りて心神いと爽快に見えさせ給ひ、悠然として申されけるは、君子の心は常に斯の如くにこそ有らんと思ふなりと。

言葉の背景

西南戦争が終わってまもなく、神戸に着いた政府軍の船に三匹の大型犬が乗っていた。明治十（一八七七）年十月三日の浪花新聞によると、その犬たちは戦地で近衛兵たちによって捕獲された西郷隆盛の愛犬だったという。無類の犬好きだった西郷は、どうやら行軍にまで犬を連れていったようだ。西南戦争で転戦する合間には、平和なひとときと同じように、つかの間の兎狩りも楽しんでいたという。

だが、犬たちを戦争に巻き込むわけにはいかない。政府軍に包囲され、いよいよ覚悟を決めた西郷隆盛は、可愛岳《えのだけ》突破を図る直前に犬たちを野に放った。それは黒ブチのチゴと、茅毛のカヤと、別の黒ブチの三頭だったと伝えられている。このほかにも連れていった可能性はあるが、詳細はもうわからない。チゴはそれから一カ月以上をかけて、およそ二〇〇キロ離れた佐志郷の元の飼い主の家へ戻った。その日は西郷隆盛が自刃する前日だった。

西郷隆盛の犬好きは、奄美大島に流されたときからといわれる。島には放

可愛岳　宮崎県延岡市にある、急峻な岩壁を持つ山。

し飼いの犬がたくさんいて、真っ先に失意の西郷隆盛を歓迎してくれたのが犬たちだったのだろう。
この遺訓に出てくるくだりは、旧庄内藩の赤沢経言と三矢藤太郎が、西郷に連れられて大隅半島を泊まりがけで山歩きしたときのエピソードだ。

赤沢経言
三矢藤太郎
西南戦争で没し逆賊となった西郷がのちに名誉回復し、これに安堵した菅実秀が、西郷の語った教えを『南洲翁遺訓』として編纂することを下命したのが赤沢経言と三矢藤太郎。

四一・どんなときも備えを怠ってはならない

どんなに修行を重ねて心を正し、君子としての体裁を備えても、いざ事に当たったとき適切に対処することができないなら、それはまるで木でこしらえた人形と同じだ。

たとえば、不意の来客が数十人ほどあったとしよう。そんな場面で十分にもてなしたいと思っても、食器をはじめ道具類を準備できていなければ、ただもうおろおろするばかりだろう。

日頃から道具をきちんと準備していれば、たとえ何人押しかけて来ようとも、数に応じて接待をすることができる。だから、普段の準備が何よりも大切なのだ。

そのように南洲翁は語り、古語をひとつ差し示された。

学問とは、ただ文筆の技のことを指すのではない。どんなことに出くわしても必ず適切に対処できる才能を磨くことである。

武道とは、剣や盾を巧みに使いこなす技を指すのではない。どんな戦いの場面でも、敵がどれほどのものであるかを計り知る力を身につけ、適切に対処する知恵を身につけることである。

こうした才能や知恵が宿るところはただひとつ、心の中だけなのである。

（原文）四一　身を修し己れを正して、君子の体を具ふるとも、処分の出来ぬ人ならば、木偶人も同然なり。譬へば数十人の客不意に入り来んに、仮令何程饗応したく思ふとも、兼て器具調度の備無ければ、唯心配するのみにて、取賄ふ可き様有間敷ぞ。常に備あれば、幾人なりとも、数に応じて賄はるる也。夫れ故平日の用意は肝腎ぞとて、古語を書て賜りき。

文非鉛槧也。必有処事之才。武非剣楯也。必有料敵之智。才智之所在一焉而已。（朱、陳龍川、酌古論序文）

言葉の背景

後半部分で西郷隆盛が引用した古語は、陳龍川の「酌古論」の序文の中にある一節だ。その内容は、文官と武官、あるいは文人と武人は反目しがちだけれど、もともとは一つのものだったということ。これは陳龍川が朱子に宛てた返事に記されていて、宋の国に迫りくる夷狄に対して、あらゆる勇気と知恵を駆使して陣を敷き、大決戦に臨めというものだ。

「酌古」とは、「古事から善き何かを酌み出す」という意味で、温故知新と言い換えられるだろう。

西郷隆盛がこの一節に心を惹かれたのは、江戸小石川の水戸藩屋敷に藤田東湖を訪ねたときのことだった。玄関の衝立に墨で鮮やかに記された「推倒一世之智勇　開拓萬古之心胸（一代限りの智勇などは払いのけ、万世の人びとの心まで開くことこそ大事だ）」という文言を見て感動し、「これはいったい誰の語ですか」と東湖に尋ねた。以来、この言葉は西郷隆盛にとって座右

陳龍川「酌古論」　佐藤一斎は「陳龍川の酌古論は王陽明・方孝孺の文に匹敵し、識見に富んだ名文だ」と書き、西郷隆盛も陳亮を好んで「畏天愛民」「推倒一世之智勇　開拓萬古之心胸」などの節を愛した。

の銘になったという。

追加一・良い案はどんなときに湧いてくるか

さまざまな事件に遭遇したり、あるいは、何か物事を受け持つことになったりしたとしよう。そのときになって、慌てて自分は考えが浅いなあと思い悩んでもしかたがない。

思慮というものはおおよそ、普段何もないときに、座って心静かな状態で重ねておくべきなのだ。そうすれば、急になにか対処しなくてはいけないことが起こっても、慌てたり、嘆いたりすることはなくなる。おそらく十あるうち、八つか、九つは実行することができるだろう。

不測の事態が起こって、とっさに考えついたとしても、実行できそうなものはほとんどあるまい。それはたとえば、寝ている最中に夢の中であっと驚く名案を思いつくようなもの。翌朝、起きてみれば、まるで役に立たない妄想のたぐいだったと思い知るのと同じなのである。

（原文）追加一　事に当り思慮の乏しきを憂ふること勿れ。凡そ思慮は平生黙坐静思の際に於てすべし。有事の時に至り、十に八九は履行せらるるものなり。事に当り卒爾に思慮することは、譬へば臥床夢寐《むび》の中、奇策妙案を得るが如きも、翌朝起床の時に至れば、無用の妄想に類すること多し。

言葉の背景

西郷隆盛の胸の内に「敬天愛人」が像を結び始めたのは、沖永良部島に遠島にあい、格子牢の中でひたすら書物と思考の日々を過ごしていたときだといわれる。

いっぽう、一般によい考えが浮かぶのは、歩いている最中だともいう。内村鑑三は『代表的日本人』の西郷隆盛の章で、「敬天愛人」がどのように発想されたかについて、こう推測している。

「この愛すべき主人公は山歩きが大好きで、昼夜を問わず森へ出かけていた。その時に、輝く天から直接聞こえてくる声を耳にしなかっただろうか」

西郷が大人になってからは、犬がその伴侶を務めた。犬好きの間では、「近代的な犬の飼育法を日本で初めて励行した人は西郷さんだ」といわれている。それまで、犬は散歩させるものではなかったそうだ。

「よし、二五〇年続いた幕府を倒そう」

第二次長州征伐のあと、郷里に帰りのんびり犬の散歩の最中に、こんな思念がひらめいたのかもしれない。

長州征伐　江戸時代末期、倒幕勢力の拠点であった長州を江戸幕府が攻撃した戦い。征長の役、幕長戦争ともいう。第1次征長は禁門の変で敗れた長州藩に対する追討、第2次征長は長州藩論が高杉晋作らの倒幕派によって再び掌握され、幕府との和平交渉も打ち切られたため、第14代将軍徳川家茂みずから征討の指揮をとって開戦となった。

追加二・答えは数千年前からわかっていた

古代中国の学問を学んだ者なら、さらに踏み込んで、これら中国の古い書物に示されている天の道を学ぶとよいだろう。たんなる歴史の事実ということを超えて、人として正しく生きる道が示されているからである。天から授かった道について知ることは、決して無駄ではない。

道は、人が何かを意図して作ったものではない。これは天地自然の摂理であり、東洋、西洋の区別はないのだ。

こんにち、なぜ、世界のあらゆる国同士が対峙しているのか。その形勢がどういう成り行きになるのか。そうしたことについて知りたいと思うなら、『春秋左氏伝』から熟読することを勧めたい。そして『孫子』を参考にするのがよい。

数千年も昔の出来事だろうと、日本と外国との違いがあろうと、人の営みはつまるところ、たいした差はない。いかに諸外国と渡り合い、最善策

『春秋左氏伝』 中国、春秋三伝の一つで教書に数えられている。『左氏伝』『左伝』ともいう。

『孫子』 中国 春秋時代の軍略家およびその著書名である兵法書。

を導き出すか、その本質をこうした書物から学ぶべきだろう。

（原文）追加二　漢学を成せる者は、弥漢籍に就て道を学ぶべし。道は天地自然の物、東西の別なし、苟も当時万国対峙の形勢を知らんと欲せば、春秋左氏伝を熟読し、助くるに孫子を以てすべし。当時の形勢と略ぼ大差なかるべし。

言葉の背景

ここで西郷隆盛が太鼓判を押している『春秋左氏伝』は、孔子が編纂したといわれる『春秋』を、のちに左丘明が注釈をつけた書物だ。

春秋時代は、紀元前七七〇年から紀元前四〇三年までを指すとされる。当時の中国全土の政治的、道徳的な支柱だった周王朝が東へ移り、やがて群雄割拠の時代を迎えた時代だ。

もともとの『春秋』の記述のしかたは、太古に亀の甲羅や動物の骨に記されていた甲骨文の記述スタイルと似ているという。それだけではそっけない記録文に注釈がついたことで、物語性のある歴史記録となっている。また、第三者的に歴史を記述しているようでいながら、儒教の価値観に基づくジャッジがなされている。いわば政治や軍事を司るものにとっての判例集のような作品だ。

西郷隆盛はここで、過去の出来事から人の振る舞いの本質を抽出せよと言う。そして、それをもとに現在や未来を考察するのだと説いている。西郷隆盛の歴史観がはっきりと示されている一条ではないだろうか。

第2章

『漢詩篇』

現代日本語訳と解説

西郷隆盛は生涯に一冊の本も書かなかった。その代わりたくさんの漢詩を残している。主な作品だけでもその数は二百作になるという。虚飾のないまっすぐな生き方が、この無駄のない表現形式とリズム感になじんでいたのだろう。

面白いことに、漢詩は明治維新の後あたりから盛んになったといわれている。政治家、文人、財界人、そして軍人にとって、漢詩の素養は日本を引っ張っていくべきリーダーたちにとって、必須とされていたようだ。

書道の世界では、今も西郷隆盛の漢詩は人気が高く、さまざまな作品展で御目にかかることが多い。ここでは西郷の人となりがうかがえる作品を、活躍した十の時代にわけて掲載してみた。

西郷隆盛の漢詩は難解ともいわれるけれど、何について詠んでいるのかさえわかれば、その場面や人間関係がイメージしやすいともいえる。たびたび生死の境をくぐり抜け、その果てに到達した人間に対する深い洞察を垣間見ることができるだろう。

一・死を潜り抜けた時代

月照和尚忌日賦

相約投淵無後先
豈図波上再生縁
回頭十有余年夢
空隔幽明哭墓前

相約して淵に投じて後先無し
豈に図らんや波上再生の縁
頭を回らせば十有余年の夢
空しく幽明を隔てて墓前に哭す

【訳文】

月照和尚の忌日にうたう

あの時、月照と私は手を取り合って薩摩の海に身を投じた
だが、自分だけが波の上に浮かび上がり、
こうして生き残ってしまったとは。
いかに運命であるとはいえ、それは思いもよらぬことだった。
思い起こせばあれからもう、十余年の歳月が過ぎ去った。
あの日の出来事は、まるで夢のようだ。
月照と私とは今、あの世とこの世、
お互いに住むところを異にしている。
たがいに相語り相見ゆることはもうできない。
それが何としても残念で、悲しさに堪えない。
ただ、墓前で嘆き叫ぶばかりである。

言葉の背景

月照は京都清水寺の分院の住職で、熱い勤皇の志を持った人だった。そのため、島津と朝廷との間を取り持つなどし、幕府のブラックリストに載せられていた。薩摩藩は朝廷から月照を保護するようにと頼まれ、西郷隆盛はその守護役となった。と、同時に二人は盟友となった。

しかし島津斉彬の突然の死とともに状況は一変する。幕府を恐れるあまり、薩摩藩としてはこれ以上、月照をかくまえないということになり、「日向送り」にせよということに。

日向とは今の宮崎だが、天領に囲まれており、すぐに幕府の追っ手がせまるだろう。船で護送する途中、月照は西郷にこう言った。自分は僧の身で、拷問に耐えることはできない。追っ手に捕まる前に殺してほしい。すると西郷は、かりにも仏に仕える方に刃を向けることはできない。思い悩んだあげく、西郷は共に死のうと決心した。

その晩は満月だったという。西郷隆盛は月照をかき抱いて錦江湾に身を投げた。その音を聞きつけて船を旋回させたところ、ほどなく二人は浮き上

京都清水寺　京都市東山区清水にある北法相宗の総本山。

錦江湾　鹿児島県南部、薩摩半島と大隅半島に囲まれた鹿児島湾の別称。

がってきた。旧暦の一一月一五日（新暦の一二月末）、南国薩摩とはいえ冬の海は命取りだ。

それでもどうにか西郷は助け上げられ、虫の息だったものの一命を取り留めた。だが月照はかい巻きをつかまれたため身がほどけ、さらに二十分ほど流されてしまった。引き上げられた月照はすでにこと切れていた。西郷はこの時、三十歳、月照は四十六歳だった。

この漢詩は月照十七回忌に作られたもので、後年、西郷はこう語ったという。

「婦女子のするが如き真似をし、しかも自分のみ生き残りるたるは面目無き次第。あの折、刀を用いたならば、よもや不覚をとること無かりしに」

墓前に額ずいて、あの維新の英雄が咽び泣いている。そんなシーンを彷彿とさせる一編ではないだろうか。

二、天命を悟った時代

獄中有感

朝蒙恩遇夕焚坑
人世浮沈似晦明
縦不回光葵向日
若無開運意推誠
洛陽知己皆為鬼
南嶼俘囚独窃生
生死何疑天附与
願留魂魄護皇城

朝に恩遇を蒙りて夕に焚坑せらる
人世の浮沈晦明に似たり

縦ひ光を回らさずとも葵は日に向かひ
若し運を開く無きも意は誠を推す
洛陽の知己皆鬼と為り
南嶼の俘囚独り生を窃む
生死何ぞ疑はん天の附与なるを
願はくは魂魄を留めて皇城を護らん

【訳文】

獄中にあってなお湧いてくる思い

朝には主君の恩遇を受けていても、
夕方には焚書坑儒のように容赦なく処罰されることもある。
人の世の運命の浮き沈みを考えると、その変わりようは
あたかも夜と昼とが代わる代わるやってくるようなものだろう。
けれども、たとえ太陽がその方に光を回らさなくても、
葵の花はいつも変わりなく太陽のほうに向かっているではないか。

同じように、私も望みが絶たれて配流の身となり、
新しい運命を開くことができないけれども、心はいつも忠誠を貫いていきたい。
思い巡らせば、京都で一緒に目的を一つにしていた友人たちは、
もうみんな生きてはいない。
私ひとりがこうして南海の小島に捕らわれの身となって、
おめおめと命ながらえている。
ただ、人の生死は天の与えるものであることに疑いはない。
だとすれば、生きるにしても、死ぬにしても、
魂だけはこの世に留まって、
いつまでも皇城をお護りしたいものだ。

言葉の背景

西郷隆盛は薩摩藩時代、三度、島流しに遭っている。最初は月照との入水事件のあと幕府の追及をかわすために、藩の命令で菊池源吾と名を変えて奄美大島へ。もっともこのときは咎人ではなく、わずかながら俸禄もつき、いわば潜居という待遇だった。この島で漢学者の岡程進儀から漢詩の手ほどきを受けたというが、まだここでは西郷の詩才は発揮されなかったようだ。三年ほどゆったりと暮らし、本土に召喚されている。

では、この漢詩はいつのものかというと、三度目の沖永良部島に流されたときの作品だ。文久二（１８６２）年、西郷隆盛は島津久光が上洛する際に怒りを買い、徳之島に配流となった。これが二度目の島流しだ。のち、もっとも重罪を犯した者が流されるという沖永良部島の「囲い」と呼ばれる座敷牢へ移された。

日がな一日することがないので、学者になるほど本ばかり読んでいる。沖永良部島の流罪のことを、西郷はそう語っている。罪人の中には川口雪篷という陽明学者もおり、彼の手ほどきを受けて、西郷隆盛は漢詩と真剣に向き

菊池源吾
月照と錦江湾に投身自殺を試みたが西郷のみ蘇生したため、菊池源吾と変名して奄美大島への潜居を余儀なくされた。

川口雪篷
１８１９〜１８９０年
江戸後期から明治時代の儒者、書家。酒席の過失で沖永良部島に配流、西南戦争後は女所帯の西郷家を支えた。

島津忠義
１８４０〜１８９７年
江戸末期の薩摩藩主。久光の長男、藩主斉彬の死後家を継ぎ、父とともに藩の近代化に尽力。維新後、率先して版籍奉還した。

合うようになったという。今残っている西郷の漢詩は、どれも沖永良部島時代以降のものだ。
　この作品の一行目に述べられているのは、先代の島津斉彬公に目をかけてもらったこと。そして、次の藩主、島津忠義の父で実質的な権力者の久光の怒りを買って退けられたことだ。
　また、「京都の友人たち」とは、寺田屋事件で島津久光によって鎮撫された薩摩藩の同志たちを指しているのだろう。さらには、安政の大獄で散った橋本左内などの志士たちも指しているともいわれる。
　影響を与えられた人物を尋ねられると、「先輩なら藤田東湖先生、同輩なら橋本左内を推す」と西郷はよく語っていたという。開国通商論者だった橋本は七歳若かったが、その明晰な頭脳に西郷は感服していた。のち西南戦争で自決する際、西郷は橋本の手紙を携えていたという。

寺田屋事件
　1862年、尊王攘夷派の薩摩藩士有馬新七らが、関白九条尚忠・所司代酒井忠義の殺害を企て京都伏見の宿屋寺田屋に結集したのを、島津久光が家臣を遣わして襲い、殺害した事件。

安政の大獄
　1858～1859（安政5～6）年に、大老井伊直弼が行った尊攘派への弾圧。

橋本左内
　1834～1859年　幕末の志士、福井藩士。15歳で『啓発録』を著している。

三、世の中を動かし始めた時代

偶成

誓入長城不顧身
唯愁皇国説和親
譬投首作真卿血
自是多年駭賊人

誓ひて長城に入りて身を顧みず
唯だ皇国を愁えて和親を得くのみ
譬ひ首を投じて真卿の血と作るとも
是より多年賊人を駭かさん

【訳文】

ふと心にわいた詩情

難しい交渉ではあるけれど、成功を誓って長州藩の城に乗り込もう。
私の心はひたすら天皇をいただくこの国の安泰を願い、
長州と幕府との和親を説くばかりだ。
たとえこの首を差し出して、あの中国の顔真卿のように
絞首刑にされたとしても構わない、
死んだ後もずっと国賊どもを脅かしてやるのだから。

言葉の背景

元治元（1864）年、長州藩は京都御所を襲った。世に言う禁門の変である。その後、幕府による長州征伐が開始された。けれども幕府軍の参謀だった薩摩藩の西郷隆盛の活躍で、長州と幕府との衝突は回避された。いわゆる第一次長州征伐の顚末である。

この詩は、西郷隆盛が長州に乗り込んで行く際、必ず交渉ごとをまとめるのだという決意を詠んだ詩だ。当初、西郷は長州を征伐するつもりでいたという。けれども、この交渉に赴く前に、ある人物との出会いがあった。それは幕臣の勝海舟で、はじめ西郷は勝がどれほどの人物なのかまったく知らなかったという。

実際に会ってみると西郷は、勝の見識の広さに感服し、その話に熱心に耳を傾けた。江戸幕府はもうすっかり衰えていること。新しい時代にふさわしい政権が求められていること。勝海舟と語り合ううちに、西郷は、長州との戦いを回避すべきだという考えに傾いていった。ここで国が真っ二つに割れる内戦を起こして疲弊すれば、欧米列強の餌食になるだろうという思いも

禁門の変　蛤御門の変ともいう、幕末の長州藩兵と幕府との京都御所付近における戦闘。

あった。

結果的に西郷隆盛の直談判は成功し、長州は囲みを説いた。それはやがて薩長同盟、倒幕、そして明治維新へとつながっていく。

このように西郷隆盛は、死地に自ら飛び込んで活路を見出すことがたびたびあった。のちの江戸城無血開城の交渉をする際もたった六名で臨んだ。また、朝鮮に特使を派遣する問題についても、自らがその危険な交渉役を買って出た。一体、西郷隆盛のこの胆力はどうやって培われたのだろうか。

よく言われるのは、あの月照と入水事件がきっかけだったということ。武士が死に損なうとは、恥ずかしい限り。自分はもはや土中の死骨だ。生涯その思いをもって生きたからだといわれている。

薩長同盟
江戸幕府を倒すため、薩摩藩と長州藩が結んだ軍事同盟の密約。坂本龍馬や中岡慎太郎が仲介し、西郷隆盛と木戸孝允らが締結。倒幕運動進展の基盤となった。

四．東を目指した時代

偶成

生涯不覓好恩縁
遊子傾嚢開酒莚
洛苑三春香夢裡
身為胡蝶眠花辺

生涯好き恩縁を覓めず
遊子嚢を傾けて酒莚を開く
洛苑の三春香夢の裡
身は胡蝶と為りて花辺に眠る

【訳文】

ふと心にわいた詩情

一生涯、私は立身出世のための縁故を求めたりはしない。
けれどもきょうは、そんなよそ者の私が
財布の紐をゆるめて酒宴を開いてみた。
きらびやかな都の晩春、花の香りがほのかに漂う
夢のようなひと時に、
私の体は蝶々となって、咲く花のそばで眠っているようだ。

言葉の背景

幕末の京都、全国から倒幕に燃える勤皇の志士たちが西郷隆盛のもとへ集まっていた。日頃、酒宴は敬遠していた西郷も、この日ばかりは、財布をはたいて彼らをもてなした。

この漢詩の転句と結句は、荘子の有名な「胡蝶の夢」のエピソードが思い浮かぶことだろう。いい感じで酔いが回り、西郷隆盛が夢現に見たのは、蝶になった自分も眠っていたというシーンだ。

それにしても全体に艶のある字面が並んでいる作品である。そこから連想されるのは、歌舞伎の『西郷と豚姫』という演目である。これは大正六（1917）年に初演となった池田大伍による新歌舞伎の代表作だ。

話の舞台は幕末の京都。揚屋の仲居、お玉は体格が立派で、そのため豚姫と呼ばれていた。けれども気立てがよく、誰からも慕われていた。

ある日、お玉が密かに思いを寄せる薩摩藩の西郷吉之助が駆け込んでくる。いつになく慌てた様子で、それもそのはず、西郷は刺客に追われていたのだ。そのときの西郷は、薩摩の殿様にも、幕府にも自らの志をわかっても

荘子
中国、戦国末の思想家。老荘思想の源泉の一人。

「胡蝶の夢」
荘子が夢の中で胡蝶になり、自分が胡蝶か胡蝶が自分か区別がつかなくなったという「荘子」斉物論の故事。自分と物との区別のつかない物我一体の境地や現実と夢とが区別できないことのたとえとしても用いられる。

『西郷と豚姫』
池田大伍の戯曲で、西郷隆盛に恋をした仲居を主人公とする人情話。

池田大伍
1885〜1942年
大正・昭和時代前期の劇作家。

らえず、すっかり失意の人となっていた。お玉は思いを打ち明け、その心情を知った西郷は一緒に死のうと言う。が、話は意外な展開に。おかしくも哀感ただよう、ほのぼのとした人間愛の作品だ。

この作品はまったくの架空の話ではなく、モデルとなった人物が実際にいた。幕末の頃、京都祇園に「奈良富」という茶屋があった。そこに小寅という仲居がいて、西郷隆盛が贔屓にしていたという。小寅はめっぽう酒が強く、ふくよかな体格だったので豚姫という渾名がついていたそうだ。

いよいよ西郷隆盛が東征大総督府下参謀となって、江戸に向かうことになった。するとこの小寅も列の後からついてきて、なかなか帰ろうとしない。しかし西郷は足手まといと嗜めるでもなく、かえって喜んだ。

「トラが見送るとは、こりゃ縁起がいい」

そう言って、大津あたりまでたどりついたところでまとまった金を与え、ようやく京都に小寅を返した。そんな、まるで歌舞伎の一シーンのようなエピソードが残っている。

五. 国を創り始めた時代

識天意

一貫唯唯諾
従来鐵石肝
貧居生傑士
耐雪梅花麗
経霜紅葉丹
如能識天意
豈敢自謀安

一貫す唯唯の諾
従来鉄石の肝

貧居傑士を生じ
勲業多難に顕る
雪に耐えて梅花麗しく
霜を経て楓葉丹し
如し能く天意を識らば
豈敢えて自ら安きを謀らんや

【訳文】

雪に耐えて梅花麗し

「はい」と答えて留学を決めたからには、どんなことがあっても最後までやり通さなくてはいけない。そのためには、鉄のように固い意志を持つことだ。豪傑の士というものは、貧しい生活を耐えてきた人の中から現れる。彼らの手柄は、多くの困難を乗り越えてはじめて立てられる。梅の花は雪の冷たさに耐えてこそ麗しく咲き誇る。

楓の葉は霜を経験してようやく真っ赤に色付く。
君がもしこの天の計らいに気づくことができたら、
きっと安易な生き方など自ら選んだりはしないだろう。

言葉の背景

明治五（1872）年、西郷隆盛の妹コトの三男、市来政直が、アメリカ海軍兵学校に留学することになった。その際、甥へのはなむけの言葉として贈った五言古詩だ。

西郷隆盛にふさわしい堂々とした作品ではないだろうか。五行目と六行目が特によく知られ、西郷隆盛もまた、この二行を色紙に書いて政直に持たせた。

「耐雪梅花麗」は、元プロ野球選手、黒田博樹投手の座右の銘だったことでも先年、話題となった。

彼がこの言葉と出会ったのは高校野球の名門、大阪の上宮高校時代だったそうで、当時の彼は控えの投手で終わった。けれども不遇の時を耐えて鍛錬

黒田博樹
大阪市出身の元プロ野球選手で野球解説者。現役時代には広島東洋カープおよび、MLBのロサンゼルス・ドジャースやニューヨーク・ヤンキースで投手として活躍した。

を重ね、黒田投手はプロ入りしてから頭角を現し始めた。そして広島東洋カープのエースを経て、大リーグ、エンジェルス、そしてヤンキーズで大活躍した。

ヤンキーズ時代、キャプテンのデレク・ジータからスピーチを求められた際、黒田選手はこの言葉をチームメートに紹介した。

"Plum trees bloom most beautifully as they stand and overcome the cold severe winter."

これにはチームメートをはじめ、ジラルディ監督も心を打たれたそうだ。艱難辛苦を耐え、やるべきことを貫く。まさに西郷隆盛が伝えたかった生き方だろう。

デレク・ジータ
アメリカMLBの元プロ野球選手。ニューヨーク・ヤンキースの第11代主将で背番号2はヤンキースの永久欠番。

六．留守を任された時代

奉寄吉井友実雅兄

如今常守古之愚
転覚交情世俗殊
規誨自然生戯謔
杯樽随意極歓娯
同袍固慕藍田約
談笑尤非竹林徒
此会由来与孰倶
顧令衰老出塵区

吉井友実雅兄に寄せ奉る

如今常に古の愚を守り
転覚ゆ交情世俗に殊なるを
規誨自然に戯謔を生じ
杯樽随意に歓娯を極む
同袍固より藍田の約を慕ひ
談笑尤も竹林の徒に非ず
此の会由来孰と倶にする
願わくは衰老をして塵区より出でしめよ

【訳文】

吉井友実雅兄に寄せ奉る

今も君とは、あのころと同じように馬鹿正直すぎる間柄だ。
君との友情は、世間的な付き合いとは違って
特別なものだとますます実感している。
君となら、お互いに戒めあうときでも、

自然と笑いがこみ上げてくる。
酒盛りをしても、思う存分に楽しく過ごすことができる。
なにしろ、どてらを共有した間柄だ。
だからここは、あの杜甫が藍田の宴会に顔を出す約束をして、
ちゃんと果たした例にならい、
君の宴会へのお誘いを受けたいところではある。
けれども、せっかくの酒の席で談笑するはずが、
中国の七賢人のような浮世離れした放談になってもいけないだろう。
それで教えてほしいのだが、
そもそもこの宴会はどなたとご一緒するのだろうか。
できるものなら、この老いぼれを汚れた俗世間から
救い出してくれるような一席であってほしい。

言葉の背景

吉井友実は西郷隆盛の幼なじみで、青年時代は共に曹洞宗誓光寺の無三和尚について禅の教えを乞うた仲だ。ちなみに無三和尚は吉井の叔父にあたる。西郷隆盛が三度目の島流しから本土に戻る際、迎えに来たのは弟の従道とこの吉井友実だったというから、本当に親しかったようだ。

また、西郷隆盛という名前についても、この吉井が一枚噛んでいるとされる。それは王政復古によって西郷に階位が授与されることになった時のことだ。朝廷に名前を届ける際、代理で出向いた吉井がうっかり西郷の父の名である隆盛と書いてしまったのだ。西郷の本名は隆永だったけれど、これを機に正式な文書などでも西郷隆盛で通すようになったという。

さて、そんな竹馬の友に宛てたこの漢詩は、気のおけない雰囲気がじわりと伝わってくる作品だ。西郷がこの詩を詠んだのは明治四（１８７１）年から明治六年の間で、西郷が再び政府に復職し、もっとも活躍していた頃だ。

西郷の尽力で版籍奉還がなされ、岩倉具視を中心とする外交使節団が西欧に旅立っていった。留守をまかされ政策を切り盛りしていたのは西郷隆盛

版籍奉還

１８６９（明治２）年に全国の各藩主がその土地（版）と人民（籍）とを朝廷に返還したこと。明治政府による中央集権強化のための改革で、廃藩置県の前提となった。

外交使節団

明治政府が１８７１（明治４）年に欧米に派遣した岩倉使節団。正使の岩倉具視以下、大久保利通・伊藤博文・木戸孝允ら１０７名がおよそ２年間、不平等条約改正を目指し各国を歴訪した。

だった。

　当時すでに、一部の高官は私腹を肥やすものがおり、井上馨など「三井の番頭さん」などと揶揄されていたという。こうした蓄財に走る政治家を、西郷はもっとも毛嫌いしていた。

　そんなある日、親友の吉井から酒宴の誘いがあった。一緒に酌み交わしたいのは山々だが、陳情目当ての連中が同席するかもしれず、西郷はこの漢詩を送って丁重に出席を断ったという。

三井の番頭さん
　井上は実業界の発展に力を尽くし、紡績業・鉄道事業などを興して殖産興業に努めたが、三井財閥の最高顧問になるなど、賄賂と利権で私腹を肥やし、散財するという行為が批判された。

七．袂を分った時代

辞闕

独不適時情
豈聴歓笑声
雲羞論戦略
忘義唱和平
秦檜多遺類
武公難再生
正邪今那定
後世必知清

辞を闕す

独り時情に適せず
豈に歓笑の声を聴かんや
雲を羞がんとして戦略を論ずれば
義を忘れて和平を唱ふ
秦檜遺類多く
武公再生し難し
正邪今那ぞ定まらん
後世必ず清を知らん

【訳文】

宮殿を辞する

自分ひとりだけ、この場の議論からまったく浮いてしまっている。
問題に反対するみんなの笑う声を、

どうして平気で聞いていられるだろうか。
我が国の受けた恥辱をそそがなければならない。
そう思えばこそ、私は日本が取るべき戦略を論じたのだ。
にもかかわらず反対派の諸君は
何が正しいか、そうでないかすら理解できず、
ただ和平を唱えるだけ。
故事にいう南宋の秦檜の残党どもか。
そう思わずにはいられない腰抜けばかりが揃っている。
道義を貫いたあの岳飛のような気概ある者は、
もう現れることはないのだろうか。
まあよかろう、どちらの判断が正しいのか、
今、にわかに決めることはできない。
だが、きっと後世の人びとは、この私の主張が
正しかったと知ることだろう。

言葉の背景

西郷隆盛が最後の奉公だと歓喜し、自ら特使として朝鮮へ赴く案は土壇場で覆された。これを機に、西郷は中央政府を引退することになる。明治六（1873）年のことだ。

漢詩の冒頭の「独り時情に適せず」とは、帰国した大久保利通ら海外視察組と、西郷ら留守居組との議論を指している。岩倉具視や大久保利通たちは世界の趨勢を加味して西郷が朝鮮に交渉役として出向くことを撤回しようとし、西郷らはこれに真っ向から反対した。

だからこの作品の冒頭の「独り」というのは修辞的に用いられていて、実際には板垣退助や後藤象二郎など有力な面々が西郷を支持していた。

「雲を羞がん」とは、釜山の東莱府が張り出した公文書がきっかけで起こった齟齬で、西郷は交渉で解決するために朝鮮に赴くつもりでいた。結句のところでは、後の世では自分の正しかったことが証明されるはずだと言い切っている。

この頃の西郷隆盛は、あまり体調がよくなかったそうだ。肥満ぎみの体重

板垣退助
1837〜1919年
明治期の政治家。自由民権運動の指導者。「板垣死すとも自由は死なず」の名言で有名。

後藤象二郎
1838〜1897年
幕末・明治時代の土佐藩出身の武士、政治家。公議政体論を唱え、前藩主山内豊信に大政奉還を建白させた。

を抑えるために飲んでいた下剤のせいともいわれる。また飼い犬のフィラリア症が感染し、象皮症にも苦しんでいたようだ。そのような事情もあり、引退を決めたのかもしれない。

それにしても西郷隆盛の落胆ぶり、悲壮感がひしひしと伝わってくる作品ではないだろうか。

八．兎狩りと晴耕雨読の時代

田猟

提銃携築如攻敵
峰頭峰下慇懃覓
休嗤追兎老夫労
欲以遊田換運甓

銃を提げ築を携へて敵を攻むるがごとく
峰頭峰下慇懃に覓む
嗤ふを休めよ兎を追う老夫の労を
遊田を以て運甓に換へんと欲す

【訳文】

田猟

銃を手に提げて、犬をお供に従えて、
まるで敵でも攻めるように
峰の頂からふもとまで、くまなく獲物を追いかける。
いい年寄りがウサギを追って難儀していると、
どうか笑わないでいただきたい。
あの陶侃が煉瓦を運んだように、
私はこの狩りをその代わりにしたいと思っているのだ。

言葉の背景

西郷隆盛は明治六（1873）年、中央政府を引退し、故郷の鹿児島に戻った。晴耕雨読の毎日で、温泉と兎狩りによく出かけていたという。この漢詩はその頃に詠んだ作品だ。

心の底からすっかりリタイヤしたのかというと、そうでもなさそうだ。最後の一行には、まだこの身を役立てる日が来るかもしれないという思いが読み取れる。

作品に登場する「運甓」の故事のあらましはこうだ。東晋の武将の陶侃は謀反を鎮め、武勲の誉と謳われた。だが、権力者からねたまれ、遠く広州に左遷されてしまった。それでも彼は毎日百枚の瓦を部屋から運び出しては、また運び入れる日課を欠かさなかった。そのわけを尋ねられて、陶侃はこう答えた。

「いつかまた中央で力を振るう時がくる。こうして辛苦になれて、いざという時の備えにしているのです」

ところで、西郷隆盛が故郷に隠遁する前、東京に居を構え、新政府の参議をしていた頃のこと。

「あの西郷さんが愛妾を抱えられたそうだ。しかも二人も」

そんな噂が立った。そこで若い軍人らが確かめるため西郷の家を訪ねてみた。すると西郷はこう言った。

「おう、召し抱えたぞ」

ほどなく従僕が連れてきたのは二匹の猟犬だった。西郷は犬たちの頭をなでながら笑って言った。

「これが、つい最近召抱えた愛妾だ。かわいいものよ」

九. 西南戦争前夜の時代

（漁師に揮毫する）

道義貫心肝
忠義埋骨髄
宜以談笑於死生之間

道義は心肝を貫き
忠義は骨髄に埋もれる
宜しく以て死生の間に談笑す

【訳文】

道義は心を貫く

人がたどるべき徳の道筋は心の中をまっすぐに貫き、国家や主君に真心を尽くす気持ちは、骨の髄にしっかり詰まっている。そんな心構えができていれば、死ぬか生きるかの瀬戸際でさえ平然と笑って語り合っていられる。

言葉の背景

明治九（1876）年になると、神風連の乱、秋月の乱、萩の乱など不平士族の蜂起が各地で起こり始める。薩摩で湯治と兎狩りをのんびり楽しむ西郷隆盛の身辺も、次第にあわただしくなってくる。

その前年、西郷隆盛は鹿児島城の厩跡に「私学校」という名の軍事学校を

神風連の乱
1876年に熊本で起こった保守的士族の明治政府への反乱。敬神党の乱ともいう。

秋月の乱
1876年に福岡県秋月でおこった士族の反乱。

萩の乱
1876年に山口県萩で前参議前原一誠らが起こした士族の反乱。

私学校
西郷隆盛が明治政府を退官後、1874（明治7）年に郷里鹿児島に創設した学校。西南戦争では西郷軍の中心となった。

設立した。維新で活躍した兵士たちがせっかく帰郷したものの、何もすることがない。遊興に走る者もたくさんいて、士風が荒れ始めていたため、彼らを引き締めるのが第一の目的だった。

けれどもそうした動きは、政府から疑惑をもたれることになる。実際に、警視庁から西郷の動向を探るため松山信吾という中警部も送り込まれた。

そんな折、一人の青年が西郷の家を訪ねてくる。大隅半島の大姶良村に住む小浜弥三次という漁師だ。噂に聞く西郷隆盛の書がどうしても欲しくなり、わざわざ連絡船に乗って錦江湾を渡ってきたのだ。

応対した糸子夫人は、どこの土地の人かをたずね、座敷にあげた。西郷は初対面のこの青年の望みを快く聞き入れた。彼はこういう、飾らない真っ直ぐな若者が好きだった。そしてゆっくりと墨を摺り、筆を走らせた。むろん、弥三次には何が書かれているのかさっぱりわからない。けれども、いかにも雄渾な筆致に見惚れてしまった。

「書を見て、感じるところがあればそれでいい」

西郷隆盛はにっこり笑って、丁寧に墨を乾かし、その書を弥三次に渡したという。

さて、この辞句は、一見すると、字数にも定型にもとらわれない古体詩のようである。西郷隆盛がこの若者のために、即興でしたためたようにも思える。けれども、実はもともとの漢詩がある。それは蘇東坡の五言絶句で、謳っている内容はほぼ同じだ。

男児貫心肝
忠義徹骨髄
直須可談笑
於死生之間

弥三次青年は、西郷の没後もこの書を大切にした。噂を聞きつけて見せてほしいと尋ねる人があれば、必ず水を浴びてきものを着替え、うやうやしく三礼してから、書幅を床に広げたという。

十．区切りを付けた時代

示子弟

学文無主等痴人
認得天心志気振
百派紛紜乱如線
千秋不動一声仁

文を学ぶ主無くんば痴人に等し
天心を認得すれば志気振ふ
百派紛紜として乱るること線のごときも
千秋不動一声の仁

【訳文】

子弟に示す

たとえ学問を身につけたとしても、
自分が仕えるべき主人である天意を念頭に置いたものでないのなら、
その人は学問を学ばなかったたわけものと変わらない。
自分が従おうとする天の心をしっかりとわかっていてはじめて、
ものごとを成し遂げようとする志気も奮い立つのだ。
今、さまざまな思想が糸のように撚れ乱れている。
自らを律し、他者を思いやる仁の一語は、
一千年を経てもけっして変わることはないのである。

言葉の背景

西郷隆盛は「示子弟」と題した漢詩をいくつか残している。この作品は、結句の「千秋不動一声仁」だけでもよく知られている。承句では、『南洲翁遺訓』

で随所に登場する「天」という言葉が、ここでも登場する。

月照と入水し、自分だけが生き残ったのはなぜか。苦悩した挙句、西郷隆盛は一つの結論にたどりつく。それは、まだこの世でやるべきことがあるという天意に違いない。そして自らの生死を天にゆだね、天から与えられた使命を生き切ろう。この「天人合一」という考え方が、その後の死生観を形作っていったのだろう。

天から授かった西郷の使命は、西南戦争の最後、城山で自決するまで続く。「もうここらでよかろう」。それが最後の言葉だったという。

では、西郷隆盛は辞世の句を残したのだろうか。近年でもしばしばこの論争は起こっている。2009年9月11日の西日本新聞に、「西郷さんの辞世の句か」という記事が掲載された。ただ、奇妙なことに、この漢詩は本人が記したものではない。西南戦争当時、鹿児島市内で勤務医をしていた山崎泰輔医師が残した日記に書かれていた漢詩だ。日付は西郷隆盛が自刀した明治十（1877）年となっている。

肥水豊山路己窮

城山
鹿児島市中央部にあるかつては鶴丸山・上之山と呼ばれていた山、あるいは丘陵。西南戦争最後の激戦地であり、国の史跡および天然記念物に指定されている。

墓田帰去覇図空
半生功罪両般跡
地底何顔対照公

肥後や豊後への道はすでに窮まった。
今はもう、故郷の山に帰って骨を埋めよう。
維新を完遂するために覇を唱えようとした。
けれども今となってはもう虚しいばかりだ。
私の人生を振り返ってみれば、
功罪両方の跡を残してしまったようだ。
いったいあの世でどんな顔をして、
島津斉彬公にお会いすればよいだろうか。

これを見た専門家のみなさんは、西郷隆盛の作品に見られる漢詩の構成のしかたとよく似ているため、本人の作品の可能性が高いとコメントした。
一方で、転句に「功罪」という第三者を匂わす視点が入っているため、別の人物が西郷隆盛の心中を察して詠んだのではないかという反論も上がった。

　また、この作品は、漢詩を詠む際に一定の方式に沿って音声を整える平仄のしかたがとても精緻だという指摘がある。いくら西郷隆盛が漢詩の手だれとはいえ、推敲なしにはこのような完成度の高い作品は難しい。銃弾が飛び交う戦場で、果たしてそのような余裕があっただろうかという見方だ。

　その反論を援護するように、2018年、西郷隆盛の漢詩のある草稿が発見され、京都市東山区の霊山歴史館で公開された。これはおもに明治二（1869）～三年ごろに書いた作品の草稿で、朱筆で記したその手書きの跡からは、西郷隆盛が何度も推敲を繰り返したことがうかがえる。

　詩作に打ち込むその姿勢は、彼が残した漢詩のすべてについて言える。二百作品におよぶ作品の一つひとつに、西郷隆盛の魂が込められているのだ。とりわけこの「示子弟」という作品は、西郷に付き従った同志や家族など身近な人びとはもちろんのこと、広く世の中の次世代を担う人びとに向けた辞世の句と見ることもできるだろう。

霊山歴史館
　京都市にある歴史博物館。幕末の京都で活躍した討幕派の志士や幕府側、他には公家・画家など貴重な遺品や資料などを展示している。

第3部

西郷隆盛の言葉

ここでは、『西郷南洲翁遺訓』の全条を振り返り、至言、名言を抽出してみたい。遺訓自体がすでに名言集のようなものだが、とりわけ高潔な精神や度量の広さが感じられる箇所をクローズアップした。

また、後半部分には西郷隆盛の漢詩や言行録から、その人となりがよくわかる言葉もいくつか取り上げている。中にはよく知られる言葉としてふだんから使っているフレーズもあるが、ここで改めて味わってみたい。いずれも時代や国境を超えた、色あせることのない真実だと言えるだろう。

●その任に耐えられるだけのすぐれた人物を選んで、任務に就けるべき

西郷南洲翁遺訓第一条

これまでの貢献があったからといって、重要な役職につけるのは間違っている。正しい道を踏まえ、公平に心を配り、あくまでその任務にふさわしい資質を備えている人に担当させるべきだ。それこそが天意なのだ。

●判断するための定まった方針が必要だ

西郷南洲翁遺訓第二条

ものごとにはすべからく根幹となるものと、枝葉となるものとに分かれる。ゆるぎない理念や行動規範という大きな幹が定まっていて初めて、枝葉となるべき現場での判断も適切にできる。

●他の課題を優先させることはあり得ない

西郷南洲翁遺訓第三条

政治の根本は、教育、軍備、そして農業の三つだ。もちろん国が発展していけば、見直しを計っていくべきだろう。いずれにしても、何かをなそうとする場合、もっとも大切なものを根幹に据え、そこから枝葉となる施策を導き出すこと。

●「あんなに身を粉にして働くなんて、気の毒だ」と思われるくらいでなければ本当とはいえない

西郷南洲翁遺訓第四条

万民の上に立つ者なら私利私欲を厳しく戒め、我が身を犠牲にしても民衆のために尽くして当たり前だ。そうして初めて世の中から評価されるだろう。

●子孫のために美しい田んぼを買わない

西郷南洲翁遺訓第五条

自分の子や子孫のためにと、私腹を肥やし財産を残そうなどとしてはいけない。蓄財をなす

ために、道義にもとることをしかねない。また、そこまでして子供に財産を残したとしても、結局は子供が自立心を培うことができなくなってしまうからだ。これは、西郷家の家訓でもある。

●それぞれの器量に応じて、この小才を生かすべきだ

西郷南洲翁遺訓第六条

世の中、ほとんどの人が小人だけれども、たとえ器量が小さくても、誰よりも得意なものを持っているはず。だからその才能をあまねく活かし、一人ひとりの持ち味を発揮させなくてはならない。

●策略を用いたせいで、あとあと必ず困ったことになり、結局は失敗する

西郷南洲翁遺訓第七条

策略で手に入れた勝利は見せかけにすぎない。いずれ馬脚を現すだけでなく、もっと深刻な窮地に陥るだろう。急がば回れというように、信念に則った正しい道を歩むことが、着実で最

も早く目標にたどり着くことができる。

●むやみに外国の真似をするならば、日本の国としてのあり方そのものが損なわれ、国力は衰退してしまう

西郷南洲翁遺訓第八条

維新を境に、西欧の科学技術はもちろん、文化、思想まで、あらゆるものが大量に押し寄せるようになった。けれどもそれは西欧の猿真似であってはならない。継承し、もっと発展させるべき日本ならではの良さがある。そうして初めて本当の繁栄を手にすることができる。

●徳を教え、よい方向へ国民を導くことこそ、政治の根本である

西郷南洲翁遺訓第九条

人間にとってもっとも大切なものは道徳であり、モラルを醸成していくことが教育を司る政府にとって一番大切な役割だ。それは、西洋だろうが東洋だろうが、共通する真実である。

●問題は、どうして電信や鉄道が必要なのか

西郷南洲翁遺訓第十条

便利だから、優れているからと、むやみに西欧の文物を導入すると、その利便性や先進性と引きかえに思わぬ不都合や、失うものがあるかもしれない。自分たちはどうありたいのか、そこをまずしっかり見据えてから、本当に必要なものを取り入れるようにしたい。

●大部分の人は、何が文明で、何が野蛮なのか、少しもわかっていない

西郷南洲翁遺訓第一一条

西欧諸国のすぐれた科学技術や物質文明には、学ぶところが多い。けれども、植民地主義という非文明的な振る舞いから目を背けてはいけない。無批判な西洋礼賛は、思考停止に等しい。

●西洋の刑法では、もっぱら罪を再び犯さないことを根本の精神としている

西郷南洲翁遺訓第一二条

西欧諸国には進んでいる点もたくさんある。たとえば囚人をどう扱っているかについては、まさに文明国としてふさわしい考え方に基づいた制度が定着している。こういう点は日本も積極的に学び、取り入れたいものだ。

●税金はなるべく軽くし、国民の暮らしを豊かにすること

西郷南洲翁遺訓第一三条

小賢しい小才を持った役人を登用し、重税をかけて一時的に財政を上向かせるなどもってのほかだ。人民の暮らし向きを無視した施策など、早晩行き詰まってしまう。そればかりか人びとの心が荒んで嘘偽りに走り、いずれ国は破綻するだろう。

●どれだけの歳入があるかをしっかりと把握し、その範囲内で歳出を図らなくてはいけない

西郷南洲翁遺訓第一四条

歳入以上の歳出をしない。これが国家財政を運営していくうえで、ただ一つの原則だ。予算を預かる者は、身を挺してこの原則を守り抜かなければならない。

●虚勢を張ってむやみやたらと兵力を増強するなど、愚策にすぎない

西郷南洲翁遺訓第一五条

規律ある財政は、軍備においても例外ではない。身の丈に不相応な軍隊を揃えるよりも、高い士気を持った少数精鋭で固め、平和裡に外交政策を推し進めるべきである。

●上に立つ者は節度を守り、道義を重んじ、そして恥を知る心を忘れてはならない

西郷南洲翁遺訓第一六条

道徳がなければ国を運営することはできない。もしも万人の上に立つものが私利私欲に走るなら、国民もみんな同じ行動を取るだろう。この関係は、親子や兄弟の間でも同じだ。

●国が倒れようとも本望、というくらいの覚悟を持って臨むべきだ

西郷南洲翁遺訓第一七条

強いものに萎縮し、言いなりになってしまいがちなのは、人も国も変わらない。信念を貫き、不当な圧力に屈しない姿勢こそ、力の差を乗り越えてなお対等な関係を築き、尊敬も集めることができる。

●時には「戦い」から目を背けてはいけない

西郷南洲翁遺訓第一八条

諸外国と交渉ごとを行う際、もめごとになるのを恐れるあまり、弱腰になってはならない。たとえ国が倒れようとも本望というくらいの毅然とした態度で望み、あくまで交渉によって対立を打開すべきである。

●自分は完全無欠だと思う人間には、だれも味方しない

西郷南洲翁遺訓第一九条

地位や名誉や成功は、おうおうにして孤独を連れてやってくる。逆の視点から見るなら、人は功成り名を遂げると、次第に人の意見や自分に対する忠告を素直に聞くことができなくなるのだ。厳しい意見や批評こそ、さらなる成長の糧となる。

●政策や制度は、それらを運用する適任者があって初めて活きてくる

西郷南洲翁遺訓第二〇条

ルールを活かすも殺すも人次第。仏作って魂入れずということわざがあるように、政策や制度はそれを施行する人の見識や熱意があってこそ、よりよい効果が導き出せる。

●それは「敬天愛人」つまり、天を敬い、人を愛するという境地を目指すこと

西郷南洲翁遺訓第二一条

人の道とは、天地自然に備わっているものだ。学問を志す目的も「敬天愛人」でなければならない。そのためには身を修め、いつも自分自身に克つことに務めたい。ものごとをあと一歩のところで達成できないとすれば、敬天愛人から遠ざかり、自分本意となっておごりたかぶるからだ。くれぐれもその点を戒めてかかるべきだ。

●日頃から自分に克つことを心がけ、修練を重ね続けなければならない

西郷南洲翁遺訓第二二条

私たちを取り巻く状況は刻一刻と変化する。目の前の火の粉を払うように、場当たり的に対処していては、うまくいくはずのものも不首尾に終わってしまう。常日頃から自らを鍛錬していれば、どんなに事態が急変しようとも、適切に対処できるだろう。

●どんな人も許し、受け入れられるくらいの度量と寛容さを自分の心に持つべきだ

西郷南洲翁遺訓第二三条

広く学問を修め、同時に身を修める。これら二つを両立させるよう努めること。そうすれば、どんな人も受け入れることができる、心の大きな人物になれるだろう。逆に、人に受け入れてもらわなければ生きていけないような、小人物になってはいけない。

●自分を愛する心を持って他人を愛さなくてはならない

西郷南洲翁遺訓第二四条

天の道は自然の道理であり、万物にあまねく恩恵をもたらす。だから私たちは天を尊敬し、人として正しい振る舞いを心がけたい。そして、自分を愛する心をもって、他の人びとに接しなければならない。

●人を相手にするのではなく、天を相手にする

西郷南洲翁遺訓第二五条

人の言動に一喜一憂せず、より高い視点で、人の上にある存在を相手にするよう心がけたい。そして、広く人間社会や時代の流れを俯瞰し、行動すること。もしも思い通りにものごとがはかどらない場合は、自分自身に誠意が足りなかったと認識すべきだ。

●自分だけを愛し、甘やかすようなことをしてはならない

西郷南洲翁遺訓第二六条

自分を大切にすることは人として自然のことだ。けれども自己本意になると、思わぬ落とし穴にはまることになる。自らを省みることなく、おごりたかぶるようになるからだ。やがて安逸に流れ、身の破滅を招くだろう。

●自分自身が「間違った」と気づけば、それでよい

西郷南洲翁遺訓第二七条

過ちを犯したら、素直に間違ったことに気づけば、それでじゅうぶんだ。過ぎ去ったことにとらわれて、くよくよ悩む必要などない。それよりも、明日を見据え、正しい一歩を踏み出そう。

●正しい道を歩み、道理に則った生き方は誰でもできる

西郷南洲翁遺訓第二八条

どんな人だろうと、正しく生きることはできる。それは心がけ次第なのだ。いにしえの聖人もみな、ごく普通の人間だった。ただ、彼らはよき「師」であり続け、正しい道を自ら実践し、人びとを教え導こうとした。

●突き詰めるなら、結果はどうなろうとよいのである

西郷南洲翁遺訓第二九条

ものごとは上手にできる人もいれば、不首尾な人もいる。また、うまくいくときもあれば、いかないときもある。だが、結果にこだわり過ぎてはいけない。大切なことは、どんな時も正しい道を歩むこと。それには上手も下手もない。そして、行く手に困難が待ち受けていようと、楽しむくらいの気持ちを持つことだ。

●命も惜しくはない、名誉もいらない。官位や肩書き、金も欲しくはない

西郷南洲翁遺訓第三〇条

たとえ命の危険が迫ろうと、人として正しい道を実践する。どんなに富で釣ろうとしても動かないし、どんなに身分が高い者にもなびくことはない。このような手に負えそうもない人物でなければ、国の命運を分けるような困難を共にすることはできない。

西郷南洲翁遺訓第三一条

●周囲の評判など重要なことではない

批評には素直に耳を傾けなければならないが、無責任な悪評や褒め言葉に惑わされてはいけない。何よりも自分が納得できるか。それをゆるぎない尺度に据え、信念に従って進んでいけばよい。

西郷南洲翁遺訓第三二条

●道を志す者は、偉業を達成して人から褒めそやされたいとは決して思わない

ひとかどの人物なら、他人が見ていないところでも身を慎み、道を踏み外すことはない。世間をあっといわすようなことをねらって一時だけ良い気分に浸ろうとするのは、未熟な人間の

振る舞いである。

●万一の際どうすればよいかについて心がけている人なら、決して動揺しない

西郷南洲翁遺訓第三三条

大事に直面したとき、適切に対処できるかどうか。それは、平時の際の心構え次第である。つまり、人として正しい道を実践しようという気構えを養っているかどうかだ。相手や第三者からの視点で事態を捉える姿勢も、いざという際、抜かりのない対処を可能にする。

●日常的に策略をめぐらしていたとしたら、いざ戦争という際に、策略がうまく機能しなくなる

西郷南洲翁遺訓第三四条

策略は、ここぞ！　という場面で用いてこそ活きる。その効果が発揮できる最たるものは戦いだ。しかし平時に策略を用いていると、疑心暗鬼や強い恨みを買うことになり、いずれは手痛いしっぺ返しを食うことになる。常日ごろ、策略とは無縁の生き方をするからこそ、戦いにおける諸策も功を奏する。

●どんなときも真心を持って接することに尽きる

西郷南洲翁遺訓第三五条

私利私欲のために策をめぐらし、うまく立ち回ったように見えても、眼力のある人にはお見通しだ。人と接する際は、真心を持って公平であるべきである。そうでないなら、英雄と呼ばれる人びとの心を掴むことはできない。

●知識として蓄えるだけなら、他人が剣術の試合をするのを傍から見ているのと同じだ

西郷南洲翁遺訓第三六条

歴史を紐解き、いにしえの聖賢たちについて学ぶのは良いことだ。だが、自分もそうありたいと志すことなく、単に知識だけを身につけているだけなら、学問を修めていないのと変わりはしない。それは自ら剣を取らず、他人が試合をするのを傍観しているのと同じで、敵を前に

して逃げるよりも卑怯なことである。

●真心が深ければ、たとえその当時は、誰も知る人がいなかったとしても、いつか必ず、世間に知られる

西郷南洲翁遺訓第三七条

どんな時代にも人びとに感動を与えるたった一つのもの、それが真心だ。かりに今、誰からも評価されなかったとしても、落胆することはない。いつか必ず、その真心ある行為が日の目を見て、世代を超えて語り継がれてゆくことだろう。

●機会を捉えることは、事をなす上で大切である

西郷南洲翁遺訓第三八条

好機は偶然出くわすものではなく、自ら招くべきものだ。常日頃、道理に則って準備を重ね、時勢を見極めたうえで行動しなければならない。このようにして手中に収めた成功こそ、真に価値がある。

●才能を頼んで行う事業は、危なっかしくて見ていられない

西郷南洲翁遺訓第三九条

とかく今の人は、才能や知識さえあれば、どんな事業も思い通りにできると思い込んでいるふしがある。もちろんそうした資質も大事だ。けれども人として「体」をなしているか、つまり誠意があって信用できる人物かどうかが同じくらい重要だ。せっかくの知識や才能を存分に活かすため、人格を磨かなくてはいけない。

●本当の君子の心というものは、いつもこんなふうに満ち足りて、爽快なもの

西郷南洲翁遺訓第四〇条

あくせくしてばかりで人生を楽しむことのない日々を送っていては、君子のような、大きな見方や考え方はできない。犬を連れて野山に兎を追い、一日の終わりにさっぱりと汗を流すひとときこそ……そのような満ち足りた瞬間が、やはり人間には必要なのだ。

●適切に対処することができないなら、それはまるで木でこしらえた人形と同じだ

西郷南洲翁遺訓第四一条

どんなに聖人君子のような体裁を繕っても、いざという時、臨機応変に対処できなければ木偶の坊と変わらない。学問を修めるというのは、たんに知識を得るだけでは不十分なのだ。不測の事態に遭遇しても、問題の本質を捉えた解決策を適切に考え出せること。さらには、その先手を打って準備を整えておけることだ。

●思慮というものはおおよそ、普段何もないときに、座って心静かな状態で重ねておくべき

西郷南洲翁遺訓追加一条

問題に対処しようと策を練ってはみるものの、自分は何と考えが浅はかなのだろうかと痛感する。これは、普通の人間なら当然のことで、そうそう良案は浮かぶものではない。深い思慮や適切な解決策は、何もない普通の時にじっくりと練っておくべきなのだ。

●人の営みはつまるところ、たいした差はない

西郷南洲翁遺訓追加二条

せっかく東洋の歴史や文化を学んできたのなら、その勉強を続けるべきだ。今日の国際情勢のゆくえも、課題に対する答えも、みなそこに記してある。なぜなら人がたどるべき正しい道とは天地自然のものであり、洋の東西や時代を問わず同じだからだ。

●痛くて泣いたんじゃない

天保一〇（1839）年、右腕を負傷した際

（数えで十三歳、藩校造士館からの帰り道のこと。上級武士の子が喧嘩の恨みを晴らそうと、物陰から西郷隆盛に鞘ごと打ちかかった。すると鞘が割れ、西郷は右腕を深く切られてしまった。後日、様子を見にきた友人たちが「母親を見て泣いたそうだな。意気地なしめ」とからかった）

うん、泣いた。しかし俺は痛くて泣いたんじゃないし、甘えて泣いたのでもない。母の顔を見た時、ああ、親不孝なことをした、すまないことをした、と自分の心を強く責められて泣い

たんだ。

●土中の死骨

安政五（1858）年、長岡監物への手紙

（月照和尚との入水事件で一人生き残ってからというもの）私はもう自分のことを土中の死骨と思っています。忍びがたきを忍んでいることは、すでにお聞き届けでしょう。天地に恥ずかしい次第ですけれども、今となっては国のためにまだなすべきことがあって、こうして生をむさぼる身になっているのだろうと考えるようにしています。

●今度こそは魂を入れ替えて見せますので、ご安心ください

文久元（1861）年、徳之島で老婆に答えた言葉

（徳之島から沖永良部島へ送られる際、ある老婆が西郷にこう声をかけた。「だんなさんは一年もしないうちに二度も遠島になりなさるか。たいていの者なら一度で懲り懲りなのに、よほどの横道者でござんすな。早く戻れるように、毎日遊んだり相撲をとったりばっかりしないよ

う、気をつけなくちゃなりませんよ」

すると西郷は真顔になって、「ありがとうございます。今度こそは魂を入れ替えて見せますので、ご安心ください」と答えた。後日、島の役人が馬を降りて西郷に丁寧な挨拶をしていた。たまたま居合わせた老婆は、そんなに偉い御仁に意見してしまったのかと恐れ入って、お詫びにやってきた。だが、西郷は笑って老婆を慰め、重ねてお礼を述べたという）。

●学者にでもなれそうな塩梅です

文久三（１８６３）年、奄美大島の友に宛てた手紙

（沖永良部島の幽閉生活での読書三昧ぶりを、かつて奄美大島で懇意にしていた得藤長に宛てて記したもの）

囲い入りとなって窮屈に見えるかもしれないけれど、かえって私にはよろしいようです。俗事に紛れることもなく、余念なく学問に打ち込めますから。学者にもなれそうな塩梅です。

（同年、琉球在番勤務の友人、米良助右衛門にも当時の様子を伝えるものがある）

このような目に遭い、かえってよろしく、読書一辺倒で余念はなく、安気にしております。責めに遭えば遭うほど、私の意思は堅固になっていきます。

●人が罪人にならないようにするのが横目役の本意だ

「間切横目役大体」

村の治安を担当する横目役にとって、ただ罪人を挙げたとか、拷問を行って巧みに口を割らせたなどというのは、枝葉の任務にすぎない。そもそも罪人が出ないようにすることこそ、横目役の任務なのだ。深く心を尽くし、民が罪に陥らないよう仕向けるのが第一のことである。

●一家の親睦を図るには、欲を離れることが第一である

沖永良部島の「囲い」で少年に教えた言葉

(いさかいもなく仲良く家族が生活するには、どうすればよいか。少年は答えた。「それなら五倫五常をいつも守ればよいと思います」)

確かに儒教の教えでは、五倫五常は人として実践すべき徳目だ。しかしそれは表向きの看板に過ぎない。大切なことは、まず欲を捨て去ることだ。ご馳走が一つあればみんなで分け、衣服を新調する際は良いほうを年長者に譲ること。どんな時も自己中心にならず、お互いに誠を

尽くすことだ。

●人生の浮き沈みは昼夜が入れ替わるようにやってくる

漢詩「獄中有感」

朝には主君の恩愛を受けていても、夜には穴に埋められる。人の世の浮き沈みは、昼と夜とが交互にやってくるようなもの。たとえ陽光がささなくとも、葵の花はいつもお天道様のほうを向いて咲こうとする。この私もたとえ運がこの先開けないとしても、誠意だけは押し通すつもりだ。

●使い古しのふんどしをお渡しするとは何事

元治二（1865）年頃、西郷隆盛が妻糸子に語った言葉

（坂本龍馬が、鹿児島の西郷隆盛の家に滞在した時のこと。龍馬は「古いふんどしで結構だから」と、着替えを頼んだ。あとで西郷隆盛はこれを耳にし、こう言った）

お国のために命を賭けて働いているお方だ。新しいものをお渡ししなくてはいけなかったの

に。

●今は日本国中が雨漏りしているのだ

元治二（1865）年頃、西郷隆盛が妻糸子に語った言葉

（西郷の家を訪ねた坂本龍馬が床に就こうとすると、隣室で西郷と糸子夫人の会話が聞こえてきた。「我が家は雨漏りがひどくて困っております。屋根の修繕だけはして頂かないと、お客様に面目が立ちません」。すると西郷は笑って、こう答えた）

今は日本国中が雨漏りをしている。我が家だけではない。

●一生涯、私は立身出世のための縁故を求めたりはしない。

漢詩「偶成」

（流罪から赦免されたあと元治・慶応年間（1864〜1868年）、薩摩軍を率いて京都に赴いた西郷隆盛は朝廷と対峙していた。倒幕に向けて諸国から西郷の元へ全国からあつまった志士たちをねぎらうため、宴会嫌いの西郷が珍しく一席設けた際の漢詩）

一生涯、私は立身出世のための縁故を求めたりはしない。けれどもきょうは、そんなよそ者の私が財布の紐をゆるめて酒宴を開いてみた。

●武士がいったん兜を脱いで降伏した以上、後ろなど見ないものだ

明治元（1868）年、戊辰戦争で庄内藩が降伏した際、
西郷隆盛が黒田清隆に語った言葉

敵が再起して攻撃してくるかと、後ろを振り向く心配は無用。庄内藩主を他の大名に預けるには及ばない。兜を脱いだ敵方を疑う必要など、まったくないのだ。戦で敵となり、味方となるのは天命である。一旦、帰順した以上は兄弟も同様なのだ。

『氷川清話』

●一身にかけてお引き受けします

（明治元（1868）年、江戸城総攻撃を直前にし、幕府方の勝海舟と新政府代表の西郷隆盛が会見を果たし、江戸城無血開城へと導いた際の言葉）

いろいろ難しい議論もありましょうが、私が一身にかけてお引き受けいたします。

●苦情は拙者が引き受けるから、世界の大勢上、やらねばならぬことは遠慮なくやれ

『宮内少丞・児玉愛二郎回顧録』

（明治四（1871）年、欧米へ視察に出かけた岩倉使節団の留守中、西郷隆盛は筆頭参議として内閣を取りまとめた。その際、くれぐれも重要な改革や任命は行わないようにとの約定を、外遊使節団のメンバーから受けていた。しかし、すぐにでも決断しなければならない課題が山積していた。

西郷隆盛は、その全責任は自ら取るとし、大改革を推し進めた。もちろん西郷も約定を無視したのではなく、六〇通におよぶ公文書を使節団に送ったが、大幅にやりとりの時間がかかり、結果的に事後承諾という形になった）

●梅の花は雪の冷たさに耐えてこそ麗しく咲き誇る

漢詩「識天意」

貧乏な暮らしは、かえって豪傑の士を生み出す土壌となりうる。およそ手柄というものは、多くの困難を乗り越えてはじめて立てられるものだ。梅の花は雪の冷たさに耐えてこそ、麗しく咲き誇る。楓の葉も霜を経験して、ようやく真っ赤に色付くではないか。

●**学問は生き学問でなければならない**

明治二（1869）年、春日潜庵のもとへ遊学する青少年へ贈った言葉

君たちは書物の虫になってはならない。もちろん、これからの世の中は学問が必要だ。だが、単なる知識の習得で終わってはならない。つねにその教えを今の時代に引き寄せ、自分ならどう解決するかを討議すること。そしてその考えをどんどん実践していくことだ。

●**死なくてもいい**

明治一〇（1877）年、私学校の生徒らが政府の火薬庫を襲った時、実行した者たちに語った言葉

（彼らはみな責任を取って切腹を申し出た。しかし血気に逸って軽率な行動をしてしまったとはいえ、生徒たちは私学校のために命がけで動いたことを西郷隆盛は理解していた。そんな彼らに対して、西郷は暖かく声をかけた。

「死ななくてもいい」

命は自分の意思ではなく、天命によって動かされている。つまらない武士のメンツのために、ここで命を落とすものではない。天命を知ってそれを活かすことを考えよ。西郷隆盛は生徒たちに、そう伝えようとした）

●もう、ここらでよかろう

別府晋介に介錯を頼んだ際の言葉

明治一〇（１８７７）年、鹿児島の城山に立て篭もった西郷軍は、政府軍に何重にもわたって取り囲まれ、集中砲火を浴びた。西郷は洞窟からおもむろに出ると、なおも進軍を開始した。周辺では次々と兵士が倒れていく。西郷の前にいた辺見十郎太が、いよいよ潮時かと思い西郷に「このへんでどうですか」と介錯を促した。しかし西郷は「まだまだ」と言って、なおも前進する。

ほどなく西郷は敵弾を受け、そばにいた別府晋介に向かってこう言った。

「晋どん、もうここらでよかろう」

そういって西郷隆盛は、はるか東方を仰ぎ見て一拝したところを、別府晋介が介錯した。

●仁の一語は、一千年を経てもけっして変わることはない

漢詩「示子弟」

さまざまに思想が入り乱れる今日にあっても、自らを律し、他者を思いやる仁の一語は、一千年を経てもけっして変わることはないのである。

おわりに

『西郷南洲翁遺訓』を知ったのは、意外なところで「敬天愛人」の四文字に出会ったことがきっかけだった。東北地方で唯一残っている江戸時代の藩校致道館は、山形県鶴岡市にある。そこに見事な毛筆で「敬天愛人」と書かれた扁額が掲げてあった。落款には、「昭和二年三月伯爵酒井忠良書」とある。この人物は庄内藩十一代藩主だった酒井忠篤の次男だそうだ。

なぜ、鹿児島から遠く離れた山形の武士たちの学舎に、西郷隆盛の言葉が掲げてあるのだろうか。その理由は次の部屋で明かされることになる。致道館の本堂に隣接して、御入りの間という座敷がある。もともとは藩主が講義を受ける際に使われた部屋だった。酒井忠良の父、酒井忠篤は、ここで新政府軍の参謀だった黒田清隆と戊辰戦争後の協議を行った。

御入の間というからには、やっぱり上座と下座があるわけで、それにまつわるこんなエピソードがある。最初は勝者の側である黒田清隆が上座に座っていた。が、戦争の集結について一通り話したあと、黒田は座を交替し「失礼申し上げた」と忠篤に謝した。藩主に敬意を表したのだ。

庄内には徳が行き渡っていた。新政府軍はそれを察知し、この地をことさら戦渦にさらすことはないと思ったのだろう。庄内藩士たちが身につけていた徳と、西郷隆盛ら薩摩の武士たちが大切にしていた徳とが呼応した。倒幕と佐幕。目指すものは違ったけれど、志は同じだった。薩摩の西郷の言葉を庄内の人々が記したというのは、起こるべくして起こったと言えないだろうか。

そしてまさにこの瞬間から、『西郷南洲翁遺訓』は動き出したといってよいだろう。新政府軍の礼儀に則ったふるまいは、すべて西郷隆盛の意向を受けたものだった。ここから、鹿児島と鶴岡との今に続く交わりが始まる。さっそく維新後、酒井忠篤はじめ総勢七十名ほどの庄内の人々が鹿児島を訪ねた。はるばる東北から九州の南端へ、五十日をかけてたどりついたという。

兄弟都市となった鹿児島と鶴岡は、今も両市の中学生たちが相互に訪問している。鶴岡の子たちは飛行機ではなく、わざわざ列車を使っていた時期もあった。さすがに五十日にもかけるわけにはいかないが、その距離感を味わってもらうために陸路で鹿児島を目指したのだという。

こういう皮膚感覚というのは、思いのほかに学習効果がありそうだ。南洲翁の兎狩りのお供をして一日じゅう野山を歩き回った旧庄内藩士の赤沢経言と三矢藤太郎は、風呂でさっぱり汗を流し身も心も爽快になった（遺訓四〇）。きっと二人も、君子とは、そんなふうに朗らかで広い心を持っているものだと体感できたことだろう。この『遺訓』を手にして、西郷隆盛の高潔な精神と広い度量を少しでも我が身に感じる瞬間があれば、その人はすでに立派な指導者に違いない。

最後に、本書をまとめるにあたって、かつて取材させていただいた各位にあらためてお礼を申し上げたい。

西郷南洲顕彰館
鹿児島市維新ふるさと館
鹿児島県歴史・美術センター黎明館
仙巌園・尚古集成館
庄内藩校致道館

【参考文献】

『新版 西郷隆盛「南洲翁遺訓」』西郷隆盛　猪飼隆明 訳・解説 ビギナーズ日本の思想 角川ソフィア文庫 Kindle版
『西郷南洲遺訓』山田済斉 編　岩波文庫
『西郷南洲遺訓（いつか読んでみたかった日本の名著シリーズ3）』桑畑正樹 訳　致知出版社
『西郷南洲翁遺訓』財団法人西郷南洲顕彰会
『〈漢詩から読み解く〉西郷隆盛のこころ』諏訪原研 著　大修館書店
『西郷隆盛はなぜ犬を連れているのか　－西郷どん愛犬史－』仁科邦男 著　草思社
『西郷家の人びと』原口泉 著　KADOKAWA
『島津久光の明治維新　－西郷隆盛の〝敵〟であり続けた男の真実－』仁科邦男 著　草思社出版
『西郷隆盛『南洲翁遺訓』２０１８年1月（１００分de名著）』先崎彰容 著　NHK出版
『西郷隆盛　第1～10巻』海音寺潮五郎 著　朝日新聞社出版局
『明治維新と征韓論　－吉田松陰から西郷隆盛へ－』安藤優一郎 著　イースト・プレス
『人生を切り開く！西郷隆盛の言葉１００』Kindle版　高橋伸幸 著　扶桑社BOOKS

『西郷隆盛　十の「訓え」―語り継がれる「激動の時代の生き方」』Kindle版　西郷隆文　著　三笠書房
『西郷隆盛語録』Kindle版　奈良本辰也・高野澄　著　角川ソフィア文庫
『英傑　―西郷隆盛アンソロジー―』池波正太郎・国枝史郎・吉川英治・菊池寛・松本清張・芥川龍之介　著　新潮文庫
『西国立志編』サミュエル・スマイルズ　著　中村正直　訳　講談社学術文庫
『氷川清話・夢酔独言』勝海舟　著　川崎宏　編　中央公論社
『現代語訳文明論之概略』福沢諭吉　著　齊藤孝　訳　ちくま文庫
『代表的日本人　徳のある生きかた』内村鑑三　道添進　編訳　日本能率協会マネジメントセンター
『講孟余話・留魂録　逆境に負けない生きかた』吉田松陰　道添進　編訳　日本能率協会マネジメントセンター

[著者]

西郷隆盛（さいごう　たかもり）

1827 ～ 1877 年　明治維新期の政治家・軍人。大久保利通、木戸孝允と共に「維新の三傑」の一人。通称 吉之助、号は南洲。薩摩藩の下級藩士の出身で、島津斉彬の知遇を得て国事に奔走。討幕運動の指導者として薩長同盟に尽力。大総督府参謀として征東軍を指揮し、江戸城を無血開城させた。維新後は参議となるも下野し、西南戦争で敗れ、城山で自刃した。前名は隆永。幼名は小吉、吉之介。通称は吉兵衛、吉之助。号は止水、南洲。変名に大島三右衛門、菊池源吾。

[編訳者]

道添 進（みちぞえ すすむ）

1958 年生。文筆家、コピーライター。国内デザイン会社を経て、1983 年から 1992 年まで米国の広告制作会社に勤務。帰国後、各国企業のブランド活動をテーマにした取材執筆をはじめ、大学案内等の制作に携わる。企業広報誌『學思』（日本能率協会マネジメントセンター）では、全国各地の藩校や私塾および世界各国の教育事情を取材し、江戸時代から現代に通じる教育、また世界と日本における人材教育、人づくりのあり方や比較研究など幅広い分野で活動を続けている。著書に『ブランド・デザイン』『企画書は見た目で勝負』（美術出版社）などがある。「今こそ名著」シリーズでは『論語と算盤　モラルと起業家精神』『代表的日本人　徳のある生きかた』『学問のすすめ　独立するということ』『風姿花伝　創造とイノベーション』『講孟余話・留魂録　逆境に負けない生きかた』に続いて編訳。

西郷南洲翁遺訓　高潔な精神と広い度量

2020年7月30日　初版第1刷発行

編訳者 ── 道添　進

発行者 ── 張　士洛
発行所 ── 日本能率協会マネジメントセンター
〒103-6009　東京都中央区日本橋　2-7-1 東京日本橋タワー
TEL03（6362）4339（編集）／03（6362）4558（販売）
FAX03（3272）8128（編集）／03（3272）8127（販売）
http://www.jmam.co.jp/

装　丁 ── IZUMIYA（岩泉卓屋）
本文 DTP ── 株式会社明昌堂
協　力 ── 株式会社 RUHIA
印刷・製本 ── 三松堂株式会社

ISBN 978-4-8207-2823-8　C0010
落丁・乱丁はおとりかえします。
PRINTED IN JAPAN

Contemporary Crassics Series

論語と算盤	モラルと起業家精神	渋沢栄一	道添 進 編訳
代表的日本人	徳のある生きかた	内村鑑三	道添 進 編訳
学問のすすめ	独立するということ	福澤諭吉	道添 進 編訳
風姿花伝	創造とイノベーション	世阿弥	道添 進 編訳
講孟余話・留魂録	逆境に負けない生きかた	吉田松陰	道添 進 編訳
武士道	ぶれない生きざま	新渡戸稲造	前田信弘 編訳
五輪書	わが道をひらく	宮本武蔵	前田信弘 編訳
葉隠	処世の道	山本常朝・田代陣基	前田信弘 編訳
養生訓	すこやかに生きる知恵	貝原益軒	前田信弘 編訳
韓非子	人を動かす原理	韓非	前田信弘 編訳
孫子の兵法	信念と心がまえ	孫武	青柳浩明 編訳
幸福論	くじけない楽観主義	アラン	住友 進 編訳